新时代中等职业学校新课标公共课配套辅导
新时代中职教育新形态一体化教材

中国历史学习指导与能力训练

马 丽 编

北京大学出版社
PEKING UNIVERSITY PRESS

图书在版编目(CIP)数据

中国历史学习指导与能力训练 / 马丽编. -- 北京 ：北京大学出版社，2025. 4. -- ISBN 978-7-301-36220-4

Ⅰ. G634.533

中国国家版本馆 CIP 数据核字第 2025S8N887 号

书　　名 中国历史学习指导与能力训练
ZHONGGUO LISHI XUEXI ZHIDAO YU NENGLI XUNLIAN
著作责任者 马　丽　编
策 划 编 辑 李　虎
责 任 编 辑 杜　鹃
标 准 书 号 ISBN 978-7-301-36220-4
出 版 发 行 北京大学出版社
地　　址 北京市海淀区成府路 205 号　100871
网　　址 http://www.pup.cn　　新浪微博:@北京大学出版社
电 子 邮 箱 编辑部 pup6@pup.cn　　总编室 zpup@pup.cn
电　　话 邮购部 010-62752015　发行部 010-62750672　编辑部 010-62750667
印 刷 者 大厂回族自治县彩虹印刷有限公司
经 销 者 新华书店
889 毫米×1194 毫米　16 开本　11 印张　280 千字
2025 年 4 月第 1 版　2025 年 4 月第 1 次印刷
定　　价 35.00 元

前言

PREFACE

根据《中等职业学校历史课程标准(2020年版)》,中等职业学校历史课程的教学目标包括:了解唯物史观的基本观点和方法,初步形成正确的历史观;知道划分历史时间与空间的多种方式;能够依据史实与史料对史事表达自己的看法;树立正确的国家观,增强对祖国的认同感;等等。

为适应当前中等职业(简称中职)学校教育教学改革的需要,并帮助学生更好地学习历史课程,我们在综合考虑中职学生的年龄特点、兴趣爱好和实际学习水平的基础上,依据中职学校教科书《历史　基础模块　中国历史》编写了本书,作为与该教材同步的学习指导与能力训练资料。

具体来说,本书具有以下特色。

1.立德树人,润物无声

党的二十大报告指出:“育人的根本在于立德。”本书以培养学生正确的世界观、人生观和价值观为准则,在内容设计时,重视引导学生用历史唯物主义的观点与方法观察问题、分析问题和解决问题,从而让学生正确认识世界,全面了解国情,把握时代大势。

2.模块丰富,理实结合

本书精心设计了“单元史实概要”“单元目标聚焦”“知识梳理”“史实意义”“巩固练习”等模块。各模块的具体内容如下。

单元史实概要:概括了各单元的学习内容,旨在帮助学生快速学习和理解知识要点,并提高学生的学习能力。

单元目标聚焦:列出了各单元的“课标要求”“学习重点”和“学习难点”,有助于学生明确学习目标与方向,激发其自主学习的动力。

知识梳理:梳理了在特定时间和空间内发生的重大历史事件,帮助学生清楚地了解知识脉络,提高学习效率。

史实意义:介绍了各重大历史事件对政治、经济、思想文化与科技等方面的影响,帮助学生深入理解历史事件，树立大历史观。

巩固练习：紧扣教材知识点，设置了填空题、选择题、简答题和材料题四种题型，习题的题量与难易程度适中，通过不同题型的练习，帮助学生检查学习效果，巩固所学知识。

3.由浅入深，循序渐进

本书根据学生的认知水平设置题目，确保各单元内容均按照由直观到抽象、由易到难、由简到繁的逻辑顺序编排。这既有利于学生循序渐进地巩固所学内容，又有利于学生在掌握各单元历史知识的基础上，锻炼历史思维能力，学会独立思考。

本书由马丽(周口交通技师学院)负责全书的统稿、编写。

编者在编写本书的过程中，参考了大量的资料，在此向这些资料的作者表示衷心的感谢！因编者水平有限，若书中存在疏漏与不当之处，敬请广大读者批评指正，以便在今后的修订中进一步完善。

编　者

2025年1月

目录

CONTENTS

第一单元

中华文明的起源与早期发展

单元史实概要

中华文明源远流长、博大精深。早在原始社会的旧石器时代，中国境内的许多地方就出现了原始人群，他们以简单的石器为工具，从事采集和渔猎，过着群居的生活。新石器时代晚期，随着私有制、阶级和国家的产生，我国逐渐进入奴隶社会。夏是我国历史上第一个奴隶制王朝，商和西周是奴隶社会的发展和繁荣时期。春秋战国是中国从奴隶社会进入封建社会的过渡期，铁器、牛耕开始使用并逐渐推广，极大地提高了农业生产效率。诸侯国之间的争霸战争和兼并战争剧烈，各国为了增强自身实力，纷纷开展变法运动，思想领域百家争鸣。这些促进了旧制度的瓦解和新制度的产生。

通过本单元的学习，学生能够增强对中国传统文化和古代科学技术的认同感和自豪感，树立保护文物、爱护文化遗产的意识，明白得道多助，失道寡助的道理，形成正确的价值观。

单元目标聚焦

◆课标要求

(1)知道史前时期中国境内有代表性的文化遗存，了解中华文明的起源以及私有制、阶级和国家的产生。

(2)了解夏商周的更替、春秋战国时期的社会大变革和民族的交往交流交融。

(3)了解先秦时期的重要文明成果。

◆重点与难点

学习重点：夏商周的更替、春秋战国时期的社会大变革和民族的交往交流交融。

学习难点：先秦时期的重要文明成果。

第1课 中华文明的起源与早期国家的形成

知识梳理

中华文明的起源与早期国家的形成

约200万年前，我国进入以打制石器为主要特征的旧石器时代。

距今约1万年，我国进入以磨制石器为主要特征的新石器时代。

距今5 000多年，早期国家已经出现。

约公元前2070年，禹建立我国历史上第一个奴隶制王朝——夏朝。

约公元前1600年，汤建立商朝。

公元前1046年，周武王建立周朝，定都镐京，史称西周。

史实意义

在政治上，原始社会末期实行禅让制。夏朝是我国历史上第一个奴隶制王朝，实行世袭制。商朝实行内外服制。西周形成了较为完善的政治制度——分封制和宗法制。在经济上，西周时期实行奴隶主土地所有制——井田制。在思想文化与科技上，商朝出现了我国迄今发现的最古老的成熟文字——甲骨文。商周时期出现了铸刻在青铜器上的文字——金文。

巩固练习

一、填空题

1.新石器时代最典型的文化类型包括____________、____________、红山文化和龙山文化。

2.仰韶文化以陕西西安附近的____________最为闻名。

3.使用打制石器的时代，考古学上称之为____________时代。使用磨制石器的时代，考古学上称之为____________时代。

4.约公元前1600年，汤建立__________。商朝前期多次迁都，最终在商王________时期定都于____________，故后世也称商朝为殷朝。

5.将部落联盟首领的位子传给贤德之人的制度叫作____________。

6.____________是我国历史上第一个奴隶制王朝。

7.周成王继位后，实行____________和____________。

8.西周时期实行的奴隶主土地所有制为____________。

9.__________是我国迄今发现的最古老的成熟文字。

二、选择题

1.北京人生活的时期距今约(　　)。

A.170 万年　　B.70 万至 20 万年

C.3 万年　　D.1 万年

2.(　　)不属于北京人的特征。

A.从事采集和渔猎　　B.是具有代表性的原始人群

C.过着群居的生活　　D.会种植水稻

3.新石器时代的代表性文化类型不包括(　　)。

A.红山文化　　B.河姆渡文化　　C.周口店文化　　D.龙山文化

4.河姆渡文化的主要种植作物是(　　)。

A.粟　　B.水稻　　C.小麦　　D.玉米

5.以下关于良渚文化的说法正确的是(　　)。

A.良渚遗址出土了精美的黑陶　　B.主要种植水稻

C.良渚遗址出土了大量精美玉器　　D.居住半地穴式房屋

6.夏朝的建立者是(　　)。

A.启　　B.禹　　C.汤　　D.周武王

7.商朝前期多次迁都,在商王盘庚时期定都于殷后,都城稳定下来。殷位于今天的(　　)。

A.河南洛阳　　B.河南郑州　　C.河南安阳　　D.陕西西安

8.商朝实行的政治制度是(　　)。

A.分封制　　B.郡县制　　C.内外服制　　D.行省制

9.西周实行的制度不包括(　　)。

A.禅让制　　B.分封制　　C.宗法制　　D.井田制

10.以下关于井田制的说法不正确的是(　　)。

A.西周时期实行的一种土地制度　　B.是一种奴隶主土地所有制

C.废除于周厉王时期　　D.井田整治规整,有沟渠灌溉

11.商代甲骨文的内容主要与(　　)相关。

A.法律　　B.占卜　　C.商业活动　　D.诗歌创作

三、简答题

简述新石器时代文化的主要特征。

四、材料题

阅读材料，并按要求回答下列问题。

材料一 “大道之行也，天下为公。选贤与能，讲信修睦，故人不独亲其亲，不独子其子，使老有所终，壮有所用，幼有所长，矜寡孤独废疾者皆有所养。男有分，女有归。货恶其弃于地也，不必藏于己；力恶其不出于身也，不必为己。是故谋闭而不兴，盗窃乱贼而不作，故外户而不闭。是谓大同。”

——摘编自《礼记·礼运》

材料二 “今大道既隐，天下为家，各亲其亲，各子其子，货力为己，大人世及以为礼。城郭沟池以为固，礼义以为纪；以正君臣，以笃父子，以睦兄弟，以和夫妇，以设制度，以立田里，以贤勇知。以功为己，故谋用是作，而兵由此起。禹、汤、文、武、成王、周公，由此其选也。此六君子者，未有不谨于礼者也。以著其义，以考其信，著有过，刑仁讲让，示民有常。如有不由此者，在执者去，众以为殃。是谓小康。”

——摘编自《礼记·礼运》

(1)材料一反映的是哪种社会形态？有什么特点？

(2)材料二反映的社会形态与材料一相比有哪些变化？出现这些变化的原因是什么？

(3)从材料一到材料二的转变，说明了什么历史发展趋势？

第2课 春秋战国的历史巨变

知识梳理

春秋战国的历史巨变

公元前770年，周平王东迁至洛邑，史称东周。东周分春秋和战国两个阶段。

公元前613年“有星孛入于北斗”，这是世界上关于哈雷彗星的首次记录。

公元前356年，在秦孝公的支持下，商鞅开始变法。

公元前338年，秦孝公死，商鞅遭反对派杀害。

公元前302年，赵武灵王号令赵国人取胡之长补华夏之短，推行“着胡服”“习骑射”的改革，建立了以轻装骑兵为主体的强大军队。

史实意义

在政治上，春秋战国时期，诸侯混战，各国纷纷改革变法，“废井田，开阡陌”，推行县制。在经济上，春秋战国时期，煮盐、酿酒等手工业发达，商品经济获得空前发展。商鞅首倡“重农抑商”。在思想文化与科技上，春秋战国时期出现的“百家争鸣”局面，奠定了中国传统文化的基础。文学艺术作品丰富多样。例如，我国第一部诗歌总集《诗经》编撰完成，孔子及其弟子的言论收录在《论语》中，屈原创造了新的诗歌体裁“楚辞”，著有《离骚》等名篇。春秋战国时期，科技取得很大的成就。例如，战国时期的《甘石星经》是世界上最早的天文学著作；曾侯乙编钟是我国迄今发现数量最多、保存最好、音律最全的一套编钟。

巩固练习

一、填空题

1.东周分为春秋和____________两个阶段。

2.春秋时期，齐、晋、楚、吴、越等国的国君，打着“尊王攘夷”的旗号，先后成为霸主，史称“____________”。

3.春秋战国之交，齐、楚、燕、韩、赵、魏、秦形成“____________”。

4.“百家争鸣”主要包括____________、____________、____________和法家学派。

5.____________是我国第一部诗歌总集。

6.公元前356年，商鞅在____________的支持下，开始变法。

二、选择题

1.春秋战国时期开始的时间标志是(　　)。

A.周平王东迁洛邑　　B.齐桓公称霸

C.三家分晋　　D.田氏代齐

2.以下不属于“春秋五霸”的是(　　)。

A.齐桓公　　B.吴王阖闾

C.越王勾践　　D.赵武灵王

3.商鞅变法中,对废除旧制度具有决定性意义的措施是(　　)。

A.承认土地私有,允许自由买卖　　B.奖励耕织

C.奖励军功　　D.推行县制

4.孔子是我国古代伟大的思想家和教育家,他的思想核心是(　　)。

A.“仁”和“礼”　　B.“无为而治”

C.“兼爱”“非攻”　　D.以法治国

5.春秋战国时期,主张“兼爱”“非攻”的思想家是(　　)。

A.孔子　　B.孟子　　C.荀子　　D.墨子

6.以下关于战国时期战争特点的描述,不正确的是(　　)。

A.战争规模大　　B.参战兵力多

C.交战区域广　　D.战争频率低

7.都江堰水利工程是由(　　)组织修建的。

A.李冰　　B.商鞅

C.秦始皇　　D.大禹

8.春秋战国时期,社会经济有了很大的发展,以下不属于这一时期经济发展表现的是(　　)。

A.铁器和牛耕的出现与推广

B.商品经济获得空前发展,形成了商业大都会

C.井田制瓦解,封建土地私有制确立

D.实行了均田制

三、简答题

根据所学知识概述孔子的思想和教育成就对中国文化有何深远影响。

四、材料题

阅读材料,并按要求回答下列问题。

材料一　商鞅变法前,秦国各地度量衡不统一。为了保证国家的赋税收入,商鞅制造了标准的度量衡器——商鞅方升。此外,商鞅还规范了进位制度,统一了斗、桶、权、衡、丈、尺,规定六尺为一步,二百四十步为一亩,五十亩为一畦。

——根据网络资料整理

材料二　及秦孝公用商君,坏井田,开阡陌,急耕战之赏,虽非古道,犹以务本之故,倾邻国而雄诸侯。然王制遂灭,僭差亡度。庶人之富者累巨万,而贫者食糟糠;有国强者兼州域,而弱者丧社稷。

——摘编自《汉书·食货志上》

(1)材料一反映了商鞅变法的哪一项措施?这项措施的作用是什么?

(2)根据材料二,概括商鞅变法的影响。

第二单元

秦汉统一多民族封建国家的建立与巩固

单元史实概要

秦汉王朝开创了中国历史上的封建大一统时代，是我国统一多民族国家的奠基时期。秦汉王朝的一系列制度，为后世朝代所继承和发展。两汉时期的经济和科学技术水平居同一时期世界的前列。随着丝绸之路的开通，中国与世界建立起联系。中国辉煌灿烂的文化开始影响世界，世界优秀的文明成就也逐渐融入中国。

通过学习秦汉文化，培养学生对历史文化的认同感，引导学生树立传承中华民族优秀文化的责任感和使命感；通过学习蔡伦、张衡和张仲景等人在科学和医学上取得的巨大成就，培养学生善于思考、不畏艰难、勇于创新的科研精神。

单元目标聚焦

◆课标要求

(1)知道秦的统一，认识秦始皇建立统一多民族封建国家、确立中央集权制度的意义。

(2)了解秦末农民起义的原因及历史作用。

(3)知道汉朝巩固统一的措施和经济繁荣的主要表现。

(4)认识丝绸之路开通的意义。

(5)了解秦汉时期的民族交往交流交融和科技文化成就。

◆重点与难点

学习重点：

(1)秦始皇建立统一多民族封建国家、确立中央集权制度的意义；

(2)汉朝巩固统一的措施和经济繁荣的主要表现；

(3)丝绸之路开通的意义。

学习难点：

(1)秦始皇建立统一多民族封建国家、确立中央集权制度的意义；

(2)丝绸之路开通的意义；

(3)秦汉时期的民族交往交流交融和科技文化成就。

第3课 秦朝统一多民族封建国家的建立

知识梳理

秦朝统一多民族封建国家的建立

公元前227年，秦统一六国的战争呈现摧枯拉朽之势，兵锋直指燕国。

公元前222年，燕亡。

公元前221年，秦王建立秦朝，定都咸阳。

公元前214年，为防止匈奴南下袭扰，秦始皇命蒙恬在北部边界修筑军事防御工程。

公元前209年，陈胜、吴广领导的中国历史上第一次大规模农民起义爆发了。

公元前207年，秦朝灭亡。

公元前202年初，楚汉之争以刘邦一方胜利告终。

史实意义

在政治上，秦朝的建立，结束了春秋战国以来长期的诸侯割据混战局面，促进了各地区各民族的交融，推动了政治、经济和文化的发展，为我国统一多民族国家的发展奠定了基础。秦朝建立以后，秦始皇为加强中央集权，在政治上采取了开创皇帝制度、在中央设置三公九卿、在地方推行郡县制的措施。

巩固练习

一、填空题

1.秦国在__________后，尊奉法家，奖励耕战，国家日益强盛。

2.公元前221年，秦统一六国后，以__________为都城，建立了我国历史上第一个统一多民族封建国家。

3.为了适应国家统一的需要，秦始皇采取了一系列巩固统一的措施。他统一文字，把__________作为标准字体，通令全国使用；统一货币，以秦国__________作为全国通用的货币。

4.__________、__________和__________的确立，标志着秦朝建立起中央集权制度。

5.秦朝形成的__________制度为此后历代王朝所传承。

6.秦始皇为禁锢人们的思想言论，下令烧毁民间收藏的诸子百家书籍，史称“________”；还以“为妖言以乱黔首”的罪名，坑杀数百名儒生、方士，史称“__________”；秦朝灭亡后，项羽和刘邦为了争夺政权，进行了长达四年的战争，史称“__________”。

二、选择题

1.我国历史上第一次大规模的农民起义是（　　）。

A.大泽乡起义　　B.黄巾起义

C.唐末农民起义　　D.太平天国起义

2.秦朝建立的君主专制中央集权制度的核心是（　　）。

A.确定至高无上的皇帝制度　　B.建立三公九卿制度

C.推行郡县制度　　D.颁布秦律，严刑峻法

3.秦始皇把小篆作为标准字体，通令全国使用。这种做法有利于（　　）。

A.全国语言的统一　　B.六国文化的发展

C.全国货币的统一　　D.文化的交流和发展

4.秦始皇时期，“天下之事无大小皆决于上”，这突出体现了秦朝政治制度的（　　）特点。

A.权力高度集中　　B.浓厚的部族色彩

C.秦始皇非常勤政　　D.严格的等级制

5.下列关于三公九卿制的表述正确的是（　　）。

①三公指丞相、太尉、御史大夫

②秦始皇建立三公九卿制的目的是减轻自己的负担，分权于三公九卿

③三公中的丞相负责监察百官

④汉朝初期继续沿用秦朝的三公九卿制

A.①②③④　　B.②④　　C.②③④　　D.①④

6.秦朝焚书坑儒的主要目的是（　　）。

A.压制知识分子　　B.推崇儒家经典

C.完善法律体系　　D.加强思想控制

7.公元前 207 年，（　　）在巨鹿之战中消灭了秦军主力。

A.刘盈　　B.刘邦　　C.项羽　　D.张飞

8.下列选项中，对秦朝短期而亡的主要原因的分析，最准确的是（　　）。

A.推行郡县制　　B.皇帝的暴政

C.实行三公九卿制　　D.皇帝无权

9.秦朝统一后，大量的原六国贵族心怀灭国之仇，时刻图谋复立；六国百姓也不习惯秦国的严刑峻法，尤其对秦二世沉重的劳役与兵役极为不满。这些内容表明（　　）。

A.郡县制难以巩固统一局面　　B.分封制影响较为深远

C.法家思想激化了社会矛盾　　D.秦亡是多种因素所致

三、简答题

简述秦始皇巩固统一的措施。

四、材料题

阅读材料,并按要求回答下列问题。

材料一 “分天下以为三十六郡,郡置守、尉、监。”

——摘编自司马迁《史记·秦始皇本纪》

材料二 “一法度衡石丈尺。车同轨。书同文字。”

——摘编自司马迁《史记·秦始皇本纪》

材料三 “及至秦,中一国之币为二等,黄金以溢为名,为上币;铜钱识曰半两,重如其文,为下币。而珠玉、龟贝、银锡之属为器饰宝藏,不为币。”

——摘编自司马迁《史记·平准书》

(1)材料一反映了秦朝在地方上实行什么制度?这一制度与西周的分封制有什么不同?

(2)材料二、三分别反映了秦始皇在经济方面采取了哪些措施?这些措施有什么共同作用?

第4课 两汉统一多民族封建国家的巩固

知识梳理

两汉统一多民族封建国家的巩固

公元前202年，刘邦称帝，国号汉，定都长安，史称西汉。

公元前154年，吴王刘濞以"清君侧"为名，发动吴、楚等七国反叛。

公元前141年，汉武帝继位。

公元前138年，张骞出使西域。

公元前119年，张骞再次出使西域联络乌孙。

公元前60年，控制天山北麓的匈奴日逐王降汉，西汉统一西域。

9年，外戚王莽自立为帝，改国号为新，西汉灭亡。

25年，汉宗室刘秀称帝，沿用汉的国号，定都洛阳，史称东汉。

184年，张角利用自己创立的太平道组织民众，发动黄巾起义，极大地动摇了东汉王朝的统治。

史实意义

在政治上，西汉初年，统治者崇尚无为而治、休养生息。汉景帝继位后，主张削弱诸侯王的权力，平定了"七国之乱"。汉武帝继位后，推行了一系列巩固统治的措施，如颁布"推恩令"、确立察举制。

巩固练习

一、填空题

1.9年，外戚____________自立为帝，改国号为新，西汉灭亡。

2.西汉时期，受汉武帝派遣，率兵出击并大败匈奴的大将是__________和__________。

3.汉武帝派张骞出使西域，从长安出发，穿过河西走廊，经今新疆，通往西亚、南亚、欧洲，这条沟通欧亚的陆上交通要道，就是著名的"____________"。

4.汉武帝进行货币改革后，全国通用的货币是____________。

5.汉文帝和汉景帝在位期间，社会安定，经济发展，史称"____________"。

二、选择题

1.下列说法中,符合西汉初年状况的是(　　)。

A.无为而治,休养生息　　B.铁犁牛耕未普及

C.耕地面积及人口增加　　D.社会财富日益短缺

2.汉武帝在位时实行的选官制度是(　　)。

A.刺史制度　　B.察举制　　C.推恩令　　D.中朝制度

3.汉武帝时期,开始实行盐铁官营制度,其后历代封建统治者皆沿袭这一制度。推行盐铁官营制度的目的是(　　)。

A.稳定国家物价水平　　B.控制商业经营规模

C.增加国家财政收入　　D.抑制商人牟取暴利

4.汉武帝派遣使臣(　　)出使西域,开辟了中国同西亚、南亚、欧洲的交通路线,使"丝绸之路"畅通无阻。

A.玄奘　　B.徐福　　C.张骞　　D.苏武

5.东汉初期,社会出现了比较安定的局面,经济得到恢复和发展,史称(　　)。

A."文景之治"　　B."光武中兴"　　C."贞观之治"　　D."开元盛世"

6.西汉时期,汉文帝和汉景帝继续推行的政策是(　　)。

A.严刑酷法　　B.休养生息　　C.重商抑农　　D.闭关锁国

7.为削弱诸侯王的权力,汉武帝采取的举措是(　　)。

A.推崇黄老思想　　B.颁布"推恩令"

C.开辟"丝绸之路"　　D.设置西域都

8.东汉中后期,政治黑暗的主要原因是(　　)。

A.皇帝年幼,外戚和宦官轮流把持朝政　　B.农民起义频繁爆发

C.地方豪强势力强大　　D.少数民族入侵

9.黄巾起义爆发的时间是(　　)。

A.公元前184年　　B.公元184年　　C.公元前209年　　D.公元209年

三、简答题

简述丝绸之路的开通及意义。

四、材料题

阅读材料，并按要求回答下列问题。

然骞凿空，诸后使往者皆称博望侯，以为质于外国，外国由是信之。

——摘编自《汉书·张骞李广利传》

（1）为什么说张骞出使西域的举动是“凿空”呢？

（2）胡豆，今名蚕豆；胡麻，今名芝麻；胡桃，今名核桃。这些食物是通过丝绸之路传入中原的，它们为什么都以“胡”字命名呢？你还能想出一些以“胡”字命名，而且是从西域传入内地的东西吗？

（3）2013 年，习近平主席提出与有关国家共同建设“丝绸之路经济带”和“21 世纪海上丝绸之路”，即“一带一路”倡议。结合历史上的陆上丝绸之路和海上丝绸之路，谈谈你对今天建设“一带一路”的感想。

第5课 秦汉时期的经济、科技与文化

知识梳理

秦汉时期的经济、科技与文化

公元前28年，关于太阳黑子的记载，被公认为是世界上最早的。东汉科学家张衡，从太阳、月球、地球所处的不同位置，对月食进行了最早的科学解释。

105年，东汉宦官蔡伦总结前人经验，改进了造纸术，用树皮、麻头、破布和旧渔网做原料造纸。

西汉末年，起源于古印度的佛教传入中国。

132年，东汉科学家张衡发明世界上最早的地震仪器地动仪，但早已失传。

东汉末年，社会动荡，苦难的民众需要寻求精神上的寄托，为道教的兴起提供了土壤。

史实意义

在经济上，秦汉时期农业得到一定程度的发展。汉代的农具有所改进。汉武帝时发明了新型播种工具耧车。秦汉时期的水利建设也有了较大发展。秦朝开通了秦渠和江南运河，汉武帝时修建了六辅渠、白渠等。秦汉时期，官营手工业发达。两汉时期，商业呈现空前繁荣的局面。在思想文化与科技上，董仲舒主张尊崇儒术，王充反对天人感应说，反对有鬼论。文学艺术大放异彩，如司马迁撰写我国第一部纪传体通史《史记》，班固所著《汉书》是我国第一部纪传体断代史。科学技术成果丰硕，如蔡伦改进了造纸术、华佗制成“麻沸散”等。

巩固练习

一、填空题

1.中国是世界上最早发明纸的国家，西汉时期发明了纸。105年，____________改进了造纸术，使纸张成为重要的书写材料。

2.秦汉时期的绘画艺术发达，____________、____________等出土遗存，精品众多。湖南长沙____________出土的彩色帛画，是汉代帛画的珍品。

3.秦汉时期，数学成就显著，代表性的著作有成书于西汉初期的《____________》和成书于东汉时期的《____________》。

4.《＿＿＿＿＿＿》是由西汉著名史学家司马迁撰写的，是我国古代第一部纪传体通史。

5.东汉时期，＿＿＿＿＿＿所著我国第一部纪传体断代史《汉书》。

6.秦汉时期水利建设也有较大发展。秦朝开通了秦渠和＿＿＿＿＿＿；汉朝修建了六辅渠、白渠等。

二、选择题

1.（　　）是东汉末年著名医家，被后人尊称“医圣”，著有《伤寒杂病论》。

A.扁鹊　B.华佗　C.张仲景　D.孙思邈

2.我国第一部纪传体通史是（　　）。

A.《史记》　B.《汉书》　C.《后汉书》　D.《资治通鉴》

3.《史记》的作者是（　　）。

A.司马光　B.司马迁　C.班固　D.范晔

4.汉代出现的新型播种工具是（　　）。

A.筒车　B.翻车　C.耧车　D.曲辕犁

5.西汉时编定的（　　），是我国现存最早的医书。

A.《神农本草经》　B.《肘后备急方》　C.《本草纲目》　D.《黄帝内经》

6.以下关于秦汉时期农业发展的表述，正确的是（　　）。

A.南方普遍种植小麦　B.牛耕技术得到广泛推广

C.水利工程的修建停滞不前　D.农业生产全部使用铁农具

7.蔡伦改进造纸术的主要贡献是（　　）。

A.发明了造纸术　B.使造纸的原料不容易获得

C.提高了纸的质量和产量　D.推广了造纸术的应用

8.司马迁写《史记》的目的是（　　）。

A.记录历史事实　B.为统治者提供借鉴

C.抒发个人情感　D.弘扬民族精神

9.中国古代四大发明中，对文化传播起重大作用的是（　　）。

A.造纸术　B.指南针　C.火药　D.印刷术

10.《史记》记载的历史时期是（　　）。

A.黄帝到汉武帝时期　B.夏朝到汉武帝时期

C.商朝到汉武帝时期　D.西周到汉武帝时期

三、简答题

秦汉时期，形成了哪些新的思想主张？

四、材料题

阅读材料，并按要求回答下列问题。

材料一 汉景帝说："农，天下之大本也。黄金珠玉，饥不可食，寒不可衣……其令郡国务劝农桑，益种树，可得衣食物。"

材料二 秦汉时期的长久统一为农业的快速发展提供了保障。秦汉时期，政府鼓励农民垦荒，调动了农民开发土地的积极性，而铁农具的使用和牛耕的推广，也使更大面积的土地开发成为可能。土壤耕作技术、水利灌溉技术、作物栽培技术、蚕桑培育技术都有了明显的提高。此外，黄河流域出现了水稻的种植，麦、菽也在南方有了一定推广，单位粮食生产量较先秦时期也提高了3倍左右。黄河套区、河湟谷地、河西走廊、天山南部以及长江中下游等地区逐渐成为新的粮食产区。

——摘编自王双怀《关于秦汉农业的若干问题》

(1)材料一反映了什么思想？这一思想在当时有什么作用？

(2)根据材料二，概括出秦汉时期农业快速发展的条件。

第三单元

三国两晋南北朝的政治、经济与文化

单元史实概要

三国两晋南北朝是中国历史上民族交融的重要时期。三国时,各国政治、经济各具特色。西晋统一局面昙花一现。西部和北部边疆民族大量迁居中原。至十六国北朝时,黄河流域出现各民族交往交流交融的局面。东晋南朝,江南地区获得进一步开发,为日后经济重心逐渐南移奠定了基础。这一时期,科技文化蓬勃发展,科学家贡献突出。三国两晋南北朝承上启下,从政治、经济、文化、民族关系等方面,为隋唐盛世的出现创造了条件。

通过本单元的学习,培养学生的时空观念和家国情怀。

单元目标聚焦

◆课标要求

(1)知道三国两晋南北朝时期的政权更迭。

(2)了解三国两晋南北朝时期民族交往交流交融以及江南地区开发的基本史实。

(3)了解三国两晋南北朝时期的科技进步与艺术成就。

◆重点与难点

学习重点:

(1)三国两晋南北朝时期民族交往交流交融;

(2)三国两晋南北朝时期的科技进步与艺术成就。

学习难点:

(1)三国两晋南北朝时期的政权更迭;

(2)三国两晋南北朝时期民族交往交流交融;

(3)三国两晋南北朝时期的科技进步与艺术成就。

第6课 三国两晋南北朝政权更迭与民族交融

知识梳理

三国两晋南北朝政权更迭与民族交融

200年，曹操同袁绍在官渡大战。曹军以少胜多，大败袁军，曹操逐步统一北方。

208年，刘备和孙权的联军在赤壁之战中打败曹军，曹操退守北方，并进占河西地区。

220年，曹丕废汉献帝，在洛阳称帝，国号魏，东汉灭亡。

221年，刘备在成都称帝，国号汉，史称蜀或蜀汉。

230年，孙权派将军卫温率领万人船队到达夷洲，加强了大陆与台湾的联系。

263年，魏出兵灭蜀。

266年，司马炎废魏称帝，改国号为晋，史称西晋。

280年，西晋灭吴，统一全国。

316年，西晋被匈奴军队灭亡。

317年，西晋皇族司马睿在士族的拥戴下，以建康为都城重建晋朝，史称东晋。

383年，前秦最高统治者苻坚强征各族民众，组成80多万大军南征东晋，结果在淝水之战中被东晋8万军队打败，北方再次陷入混战。

439年，北魏统一北方，建都平城。

6世纪前期，北魏发生动乱，分裂为东魏和西魏，稍后分别被北齐和北周取代。

史实意义

在政治上，三国时期，出现了政权分裂的局面，此后西晋实现政权的短暂统一。西晋灭亡后，从东晋十六国到南北朝政权再次分裂。少数民族的内迁和北方人口的南迁，出现了民族融合的大趋势。实行九品中正制，士族门阀垄断官场。在经济上，江南经济得到开发并迅速发展。各民族经济交流加强。

巩固练习

一、填空题

1.220年，____________废汉献帝，在____________称帝，国号____________，东汉灭亡。

2.晋武帝死后,继位的晋惠帝无力掌管朝政。八个封王为了争夺中央政权,先后起兵混战,史称“____________”。

3.从4世纪初到5世纪前期,内迁各族在北方先后建立____________个主要的政权,加上西南地区的____________,总称____________。

4. 4世纪后期,氐族建立的____________一度统一黄河流域。

5.北朝包括____________、____________、____________、北齐和北周5个王朝。

二、选择题

1.200年,曹操与袁绍展开决战,并在决战中以少胜多击溃袁军,为统一北方奠定了基础。这场决战是(　　)。

A.赤壁之战　　B.夷陵之战

C.官渡之战　　D.巨鹿之战

2.三国鼎立局面中的“三国”指的是(　　)。

A.魏、蜀、西晋　　B.魏、蜀、吴

C.吴、东晋、梁　　D.宋、齐、梁

3.208年,刘备和孙权的联军在长江流域与曹军大战,并以少胜多、以弱胜强大败曹军,奠定了三国鼎立的基础。这场战役是(　　)。

A.赤壁之战　　B.汉中之战

C.潼关之战　　D.荆州之战

4.三国时期的田庄,多以屯、营等编制单位或堡、寨等建筑外观来命名。东晋南朝时期的田庄则多称为别墅、田园。这一变化客观上反映出(　　)。

A.政局的稳定性有所加强　　B.士族势力受到削弱

C.大土地所有制继续发展　　D.商品经济发展迟滞

5.西晋初年,中原的很多百姓喜欢用毛毡子做头巾、系带儿、裤边儿。有人戏说中原必会被西北的少数民族所击败,因为人们头上戴的、腰上系的、身上穿的都是西北产的,“能无败乎”这一现象反映了(　　)。

A.群言百家影响社会风尚　　B.经济往来促进民族交融

C.人口流动利于区域开发　　D.地方特产丰富人们生活

6.自东汉以来,西、北边陲的一些少数民族陆续内迁。在内迁的少数民族中,灭掉西晋的是(　　)。

A.羌族　　B.匈奴　　C.鲜卑族　　D.氐(dī)族

7.“八王之乱”后,司马睿接受王导的建议,前往建康,并极力结交江南士族。317年,司马睿在江南建立晋朝,定都建康,史称东晋。司马睿能在江南建立东晋,是因为(　　)。

A.司马睿得到了士族的支持

B.司马睿有雄才大略,能征善战

C.司马睿多次北伐,收复了黄河以南的部分地区

D.司马睿与北方少数民族达成协议,使之暂不南侵

8.南朝陈时,章华家世代为农夫,后其官至太守,但权贵们因其“素无阀阅,竞排诋之”,以致其被免官并被遣去管理市场。由此可知,当时选官注重(　　)。

A.社会评价　　B.家世渊源　　C.土地财富　　D.从政经历

三、简答题

北魏孝文帝改革的内容有哪些?对民族交融有什么影响?

四、材料题

阅读材料,并按要求回答下列问题。

材料一　“楚越之地,地广人希,饭稻羹鱼,或火耕而水耨……无积聚而多贫。是故江淮以南,无冻饿之人,亦无千金之家。”

——摘编自司马迁《史记·货殖列传》

材料二　“江南之为国,盛矣。……地广野丰,民勤本业,一岁或稔,则数郡忘饥。……鱼盐杞梓之利,充仞八方;丝绵布帛之饶,覆衣天下。”

——摘编自沈约《宋书》

(1)材料一反映了江南地区怎样的经济状况?

(2)材料二反映了江南地区经济状况发生了怎样的变化?结合所学知识,分析发生这种变化的原因。

(3)材料二中江南地区经济状况的变化对我国经济格局产生了怎样的影响?

第7课 三国两晋南北朝时期的科技与文化

知识梳理

三国两晋南北朝时期的科技与文化

南朝人祖冲之，用算筹做工具，在世界上第一次把圆周率的数值，计算到小数点以后第7位数字。

北朝人贾思勰撰写的《齐民要术》，是我国现存最早的一部完整的农书。

西晋裴秀是古代杰出的地图学家。他绘制的《禹贡地域图》，提出了绘制地图的六项原则，即“制图六体”。

东晋南朝时期，工匠将生铁溶液混合到熟铁料中，加以锻打锤炼，从而获得质地优良的钢。

三国两晋南北朝时期，因佛教广泛传播而开凿的石窟寺遍布南北各地。

东晋南朝时期，道教经过葛洪、陶弘景等人的改造，拥有众多信徒。

东汉献帝建安年间，以曹操父子和建安七子为代表的诗人，以所见所闻及其经历，写出了不少内容充实、风格苍凉而又富有生气的诗词歌赋，史称“建安文学”。

东晋诗人陶渊明创作了大量描写乡村风光和质朴劳动生活的作品，人称田园诗。

三国两晋南北朝时期，众多书法家创造出风格多样的书法艺术。

史实意义

在思想文化与科技上，佛教进入发展时期，道教逐渐定型并走向成熟。在民族大融合的背景下，许多艺术门类都蕴含有浓郁的宗教色彩。诗歌得到发展，小说和文学评论也有一定的成就。数学、地理学和农学等都取得新的成就。

巩固练习

一、填空题

1.三国两晋南北朝时期，曹魏人__________创制了提水工具翻车。

2.南朝人祖冲之创制的《________》是当时最先进的历法。

3.北魏地理学家__________编著了《__________》。该书全面系统地介绍了水道流经地区的历史沿革、自然风物和经济物产等。

4.东汉献帝建安年间，以曹操父子和建安七子为代表的诗人，以所见所闻及其经历，写出了不少内容充实、风格苍凉而又富有生气的诗词歌赋，史称“__________”。

5.中国闻名世界的三大石窟艺术宝库包括大同的__________、河南洛阳的__________和甘肃敦煌的__________。

6.被后人称为“书圣”的是__________。

二、选择题

1.世界上第一次把圆周率的数值计算到小数点以后第7位数字的是(　　)。

A.祖冲之　　B.虞喜

C.刘徽　　D.阿基米德

2.我国现存最早的一部完整的农学科学技术著作是(　　)。

A.《农政全书》　　B.《农书》

C.《氾(sì)胜之书》　　D.《齐民要术》

3.魏晋时期，一批书法家的书法艺术各具特色，如锺繇(yóu)“每点多异”、王羲之“万字不同”，表明书法艺术的发展从自发进入自觉阶段。这一转折所依托的条件是(　　)。

A.书法实用性加强　　B.书法流派的统一

C.竹简木牍的应用　　D.纸张使用的推广

4.下列属于顾恺之代表作的是(　　)。

A.《送子天王图》　　B.《女史箴图》

C.《清明上河图》　　D.《游春图》

5.东晋南朝时期发明的冶炼技术是(　　)。

A.夹纻(zhù)技术　　B.雕铸技术

C.铸铁柔化技术　　D.灌钢法

6.顾恺之是东晋时期著名的画家，他擅长(　　)。

A.山水画　　B.风俗画

C.花鸟画　　D.人物画

三、简答题

简述三国两晋南北朝时期佛教盛行的原因和影响。

四、材料题

阅读材料，并按要求回答下列问题。

材料一 祖冲之使用的运算工具是一堆小棒，即古人所说的“算筹”。他计算圆周率，必须用算筹对九位数字的大数进行130次以上的计算，这其中包括开方，运算异常艰巨。

材料二 从艺术风格来说，云冈石窟的造型反映了北魏前期的生活，其雕像的线条粗犷洗练，少数民族元素明显，有些石窟还将北魏的政治状况用雕像的排列造型反映在石窟结构上。后来北魏从大同南迁洛阳，北魏政权为了更好地统治和减少民族冲突，全面汉化，连鲜卑氏祖先的姓氏也放弃，改为汉姓，这时候龙门石窟的雕像造型开始圆润细致，呈现汉族文化特有的审美。

——根据网络资料整理

(1)根据材料一和所学知识，回答祖冲之努力计算的结果是什么。此外，他在其他哪些领域也有突出成就?

(2)根据材料二，回答龙门石窟与云冈石窟有什么不同。结合所学知识，分析龙门石窟发生变化的原因。

(3)结合以上材料，谈一谈三国两晋南北朝时期灿烂的科技文化成就带给你的感受。

第四单元

隋唐统一多民族封建国家的繁荣

单元史实概要

经过三国两晋南北朝的积累和探索，隋唐进入了统一多民族国家的高度发展时期。三省六部制、科举制等制度的确立使国家的政治基础更加稳固；农业发达，土地开发和粮食亩产量都达到历史新高峰；长安、洛阳是全国政治、经济和文化中心，扬州、益州等地则成为区域经济中心；设置都护府等机构，维护了边疆地区的稳定，促进了多民族的交融；实施开放政策，促进了丝绸之路的繁荣和对外关系的发展；科技、文学、艺术成就辉煌。唐朝是中国古代历史上的鼎盛时期。

通过本单元的学习，学生能够增强爱国意识、民族自豪感，珍惜今天统一、安定的社会环境。

单元目标聚焦

◆课标要求

(1)了解隋唐时期的科举制，以及社会经济、民族交往交流交融、对外关系和科技文化的基本史实。

(2)认识隋唐时期繁荣开放与逐渐衰落的原因。

◆重点与难点

学习重点：

(1)隋唐时期的科举制；

(2)隋唐时期繁荣开放与逐渐衰落的原因。

学习难点：

隋唐时期繁荣开放与逐渐衰落的原因。

第8课　隋唐政治演变与民族交融

知识梳理

隋唐政治演变与民族交融

552年，突厥建立突厥汗国。

581年，杨坚建立隋朝，定都长安，是为隋文帝。

589年，隋文帝派次子杨广统兵攻灭陈朝，结束了自东汉末年以来长期分裂的局面。

隋文帝死后，杨广即位，是为隋炀帝。

618年，隋炀帝在江都遭遇禁卫军兵变被杀，隋朝灭亡。

隋炀帝死后，李渊在长安称帝，建立唐朝。唐朝平定各地割据势力，统一中国。

626年，秦王李世民发动"玄武门之变"，登上皇位，是为唐太宗。

630年，唐太宗击败东突厥汗国。

唐高宗时期，唐朝联合漠北回纥灭西突厥汗国，完全统一了西域。

641年，赞普松赞干布向唐朝多次请婚后，唐太宗同意文成公主入藏和亲。

682年，安置在北方的东突厥部众反叛唐朝，一度建立后突厥汗国。

690年，武则天废唐立周，成为中国历史上唯一的女皇帝。

712年，唐玄宗即位。

744年，唐朝与漠北回纥、葛逻禄等联合平定后突厥汗国的叛乱。

755年，范阳节度使安禄山和部将史思明发动叛乱，占领长安。唐朝倾力镇压，历时8年平定叛乱。安史之乱是唐朝由盛而衰的转折点。

9世纪前期，唐蕃会盟，结束了和战不定的局面。

875年，黄巢领导的农民起义爆发，沉重打击了唐朝的统治。

907年，朱温强迫唐哀帝让位，唐朝灭亡。

史实意义

在政治上，确立并完善了三省六部制，行政分工更细致、合理。隋炀帝设立进士科，标志着科举制的确立。科举制在唐朝成为选拔官员的重要渠道，扩大了统治的社会基础，影响了古代中国社会和文化的发展。

巩固练习

一、填空题

1.581 年,＿＿＿＿＿＿建立＿＿＿＿＿＿,定都＿＿＿＿＿＿。

2.隋唐时期,＿＿＿＿＿＿是中国政治制度史上的重大变革,对历朝产生了深远影响。

3.隋炀帝时开凿大运河。大运河以＿＿＿＿＿＿为中心。

4.618 年,李渊称帝,定都长安,建立＿＿＿＿＿＿。

5.875 年,＿＿＿＿＿＿领导的农民起义爆发,沉重打击了唐朝的统治。

6.“六部”是指＿＿＿＿＿＿、＿＿＿＿＿＿、＿＿＿＿＿＿、兵部、刑部和工部。

7.＿＿＿＿＿＿在唐朝成为选拔官员的重要渠道,深刻影响了古代中国社会和文化的发展。

二、选择题

1.经过三国两晋南北朝时期的发展,汉朝的三公九卿制逐渐演变为隋唐的(　　)。

A.行省制　　B.郡县制

C.三省六部制　　D.宰相制

2.隋炀帝设立进士科,标志着(　　)的确立。

A.察举制　　B.九品中正制

C.科举制　　D.举荐制

3.(　　)是唐初著名政治家,以勇于进谏著称,多次规劝唐太宗以隋亡为鉴。

A.房玄龄　　B.魏征

C.姚崇　　D.杜如晦

4.中国历史上唯一的女皇帝是(　　)。

A.唐太宗　　B.武则天

C.唐高宗　　D.唐玄宗

5.“贞观之治”为唐朝的强盛奠定了坚实的基础。下列选项中,有关“贞观之治”出现的原因,叙述不正确的是(　　)。

A.重视纳谏　　B.吸取隋亡教训

C.轻徭薄赋　　D.任用姚崇为相

6.隋朝大运河“北通涿郡之渔商,南运江都之转输,其为利也博哉”。此描述反映出大运河的开通(　　)。

A.耗费了大量的人力、物力,加重了人民的负担

B.推动了中外文明的交流互鉴

C.促进了中国南北方的经济交流和发展

D.巩固了隋朝对全国的统治

7.“开元初，四方丰稔（rěn），城镇商铺林立，客商如云”所反映的经济发展盛况是在（　　）。

A.唐太宗时期　　B.武则天时期
C.唐玄宗前期　　D.唐玄宗后期

8.唐代诗人刘得任系皇亲国戚，其兄弟为达官显贵，而他“出入举场三十年，竟无所成”；唐宗室子弟李洞屡考不中，竟想去皇陵哭诉。两人的经历反映了唐代（　　）。

A.科举考试不重考生诗才　　B.选官制度阻断贵族入仕
C.中央政府剥夺宗室特权　　D.科举制的公平公正

9.唐太宗时期，大臣张玄素劝阻皇帝不要修建洛阳宫殿，得到赏绢200匹；魏征等人指出皇帝用人和赏罚中的问题，也得到唐太宗的奖赏。这说明唐太宗（　　）。

A.虚心纳谏　　B.注重农业
C.开创盛世　　D.整顿吏治

10.唐太宗在位期间，政治比较清明，国力增强，文教昌盛，历史上称之为（　　）。

A.“文景之治”　　B.“贞观之治”
C.“开元盛世”　　D.“康乾盛世”

11.下列事件，按照时间先后顺序排列的是（　　）。

①安史之乱　②黄巢起义　③玄武门之变　④开凿隋唐大运河

A.④③①②　　B.③①④②
C.④②①③　　D.②③①④

三、简答题

1.简述隋朝灭亡的原因。

2.简述“安史之乱”的原因、概况及影响。

四、材料题

阅读材料,并按要求回答下列问题。

材料一 唐太宗常用这样的比喻:“君,舟也;民,水也;水能载舟,亦能覆舟。”

——摘编自吴兢《贞观政要》

材料二 唐太宗常说:“为政之要,惟在得人……今所任用,必须以德行、学识为本。”

唐太宗问魏征:“何谓明君?”魏征回答:“君之所以明者,兼听也。”太宗以为然,并说:“主欲知过,必藉忠臣。”

——摘编自吴兢《贞观政要》

(1)从材料一中可以看出,唐太宗认识到了什么实质性的问题?他为什么会产生这种认识?

(2)结合材料二,根据所学知识,分析“贞观之治”出现的主要原因。

第9课 隋唐时期的经济、科技与文化

知识梳理

隋唐时期的经济、科技与文化

在北魏均田制基础上，隋唐的田制有了新发展。唐前期实行租庸调制，唐后期实行两税法。

农业方面，曲辕犁的推广提高了耕作效率。水车的使用扩大了灌溉区域，水利事业迎来高峰。

手工业方面，唐朝的官府、私营和家庭手工业都有新发展。

农业、手工业进步，加之社会安定、交通发达，唐代商业更加繁荣。

隋代，重大的建筑工程众多，宇文恺设计的大兴城和洛阳城最负盛名。

工匠李春设计的赵州桥是世界现存最早的石拱桥。

天文历法成就的代表是唐玄宗时僧一行编修的《大衍历》。

地理学家贾耽编制的《海内华夷图》和《古今郡国县道四夷述》，与李吉甫所著的《元和郡县图志》都是地理学名作。

唐初的医学家、药物学家孙思邈，被后人尊称为“药王”。

唐高宗时颁行的《唐本草》，是世界上最早的国家药典。

南北朝时，南北文学呈现不同的风格。隋唐时期，文学创作出现融合发展之势，走向繁荣。

盛唐的吴道子吸收了西域画法，所绘画面极具立体感，被誉为“画圣”。

隋唐是中外文化交流的重要时期。

著名高僧玄奘西行，获得大量佛经，归来后所作的《大唐西域记》，是记载中亚和印度历史、地理的重要史料。

鉴真在第六次东渡时抵达日本，成为日本最重要的佛教宗师，为日本佛教发展作出了巨大的贡献。

史实意义

在经济上，农业方面，田制有了新发展，唐前期实行租庸调制，唐后期实行两税法。曲辕犁的推广提高了耕作效率，水车的使用扩大了灌溉区域。手工业方面，唐朝的官府、私营和家庭手工业都有新发展。其中，纺织业和陶瓷业是手工业中最发达的部门。商业贸易得到进一步发展，长安、洛阳是商业繁荣的城市，广州是外贸城市的代表。在思想文化与科技上，唐朝最突出的文学成就是诗歌，社会上层流行传奇小说，民间流行说唱文学，书法、绘画艺术成就斐然。唐朝，佛教与中国文化进一步融合，成为中国文化的一部分。统治阶层尊崇道教。建筑、天文历法、地理学、医药学有了很大的发展。唐代发明了火药，隋唐时期发明了雕版印刷术。

巩固练习

一、填空题

1.在北魏均田制基础上，隋唐的田制有了新发展。唐前期实行__________，唐后期实行__________。

2.唐朝时期，人们发明的灌溉工具__________和耕作工具__________，极大地提高了耕作效率。

3.唐朝手工业发达，陶瓷制造有显著进步，越窑__________和邢窑__________尤为有名，__________是釉陶工艺最有代表性的作品。

4.隋唐时期，__________和__________是全国的政治、文化和商业中心。

5.李春设计的__________是世界现存最早的石拱桥。

6.唐初的医学家、药物学家__________，被后人尊称为“药王”。

7.唐高宗时颁行的《__________》，是世界上最早的国家药典。

8.868 年的雕版《__________》，文字清晰，印制精美，是世界上现存最早的有明确纪年的印刷品。

9.被称为“画圣”的画家是__________。

10.唐武宗时期，大力打击佛教，史称“__________”。

二、选择题

1.北朝时期，嗜好奶类制品的北方人常常嘲笑南方人的喝茶习俗。唐中期，北方城市中，“多开店铺，煎茶卖之，不问道俗，投钱取饮。其茶自江、淮而来。舟车相继，所在山积”。据此可知，唐中期(　　)。

A.国家统一使南茶开始北运　　B.南北方饮食习惯趋于一致

C.南方经济文化影响力上升　　D.南方经济水平已超越北方

2.下列史实反映的共同主题是(　　)。

①文成公主入藏，带去历法、医药等方面的书籍

②玄奘前往天竺，携带大量佛经回到长安

③鉴真东渡日本，传授佛经，传播中国的医药、建筑知识

A.经济繁荣　　B.民族团结　　C.国家统一　　D.文化交流

3.在第六次东渡时，成功抵达日本，为中日两国文化交流作出了突出贡献的人物是(　　)。

A.鉴真　　B.玄奘　　C.阿倍仲麻吕　　D.崔致远

4.唐代釉陶工艺最有代表性的作品是(　　)。

A.唐三彩　　B.白瓷

C.青瓷　　D.景德镇瓷器

5.它是玄奘西行,获得大量佛经,记载中亚和印度历史、地理的重要史料。这里的“它”指的是(　　)。

A.《唐本草》　　B.《大唐西域记》

C.《西游记》　　D.《金刚经》

三、简答题

简述隋唐时期科技发展的主要成就。

四、材料题

阅读材料,并按要求回答下列问题。

材料一　“忆昔开元全盛日,小邑犹藏万家室。稻米流脂粟米白,公私仓廪俱丰实。九州道路无豺虎,远行不劳吉日出。齐纨鲁缟车班班,男耕女桑不相失。”

——摘自杜甫《忆昔二首》

材料二　唐朝时期,文学艺术领域硕果累累。诗歌创作尤为繁荣,李白、杜甫、白居易等众多杰出诗人如璀璨星辰,闪耀在诗歌的天空。绘画、书法、音乐、舞蹈等艺术形式也都取得了很高的成就。阎立本的人物画、吴道子的山水画和宗教画各具特色;颜真卿、柳公权的书法作品堪称艺术瑰宝;音乐和舞蹈吸收了周边民族的艺术精华,呈现出多元融合的特点。

——根据网络资料整理

(1)材料一描绘了唐朝哪一时期的景象?诗中体现了当时怎样的社会经济状况?

(2)结合材料二和所学知识,简述唐朝文学艺术的发展状况。

第五单元

辽宋夏金多民族政权的并立与元朝的统一

单元史实概要

辽宋夏金元是继三国两晋南北朝之后又一个北方民族活跃的时期，具体可分三个阶段：北宋与辽、西夏的并立，南宋与金、西夏的对峙，元朝的统一。宋朝结束五代十国的分裂局面，社会稳定，经济有很大发展，科技文化也取得突出成就，但军事力量不振，与北方民族交战处于劣势。辽宋夏金诸政权虽有战争，但各民族之间政治、经济、文化联系更为稳定和持久，呈现交融的趋势。元朝结束这一时期多民族政权并立的局面，为统一多民族国家的发展作出了重要贡献。辽宋夏金元时期，中国的经济、文化成就在世界上处于领先地位。

通过本单元的学习，学生能够树立文化自信，传承中华民族优秀传统文化，树立人与自然和谐共生的理念。

单元目标聚焦

◆课标要求

(1)知道辽、宋、西夏、金的政权并立。

(2)了解宋代经济的发展以及中国古代经济重心的南移。

(3)了解宋元时期的民族交往交流交融，认识元朝统一多民族国家发展的意义。

(4)了解宋元时期的科技发明与文化成就。

◆重点与难点

学习重点：

(1)辽、宋、西夏、金的政权并立；

(2)宋元时期的民族交往交流交融，元朝统一多民族国家发展的意义；

(3)宋元时期的科技发明与文化成就。

学习难点：

(1)辽、宋、西夏、金的政权并立；

(2)元朝统一多民族国家发展的意义。

第10课　多民族政权并立与元朝的统一

知识梳理

多民族政权并立与元朝的统一

916年，契丹首领耶律阿保机称皇帝，建立契丹国，定都上京临潢府。

960年正月初五，赵匡胤登基，改国号为宋，北宋王朝建立。

1004年，辽大举攻宋，打到黄河北岸。

1005年，宋辽经谈判签订协议，史称“澶渊之盟”。

1038年，党项首领李元昊称帝，定都兴庆府，国号夏，史称西夏。

1044年，宋夏双方达成和议。

1069年，宋神宗任用王安石主持变法。

12世纪初，东北女真部落强大起来。其首领完颜阿骨打于1115年建立金朝，定都上京。

1125年，金军俘获辽朝皇帝，辽亡。

1127年，金军将北宋最后两个皇帝徽宗、钦宗掳回东北，北宋灭亡，史称“靖康之变”。同年，钦宗之弟赵构即位，是为宋高宗。后来，高宗将都城定在临安，史称南宋。

1141年，南宋与金订立和约，史称“绍兴和议”，绍兴和议确立了南宋与金的对峙局面。

1153年，金朝迁都燕京，改称中都。

12世纪后期到13世纪初，蒙古部首领铁木真陆续征服其他部落，统一了漠北草原。

1206年，铁木真建立蒙古汗国，称成吉思汗。

1260年，成吉思汗的孙子忽必烈即位。

1271年，忽必烈取《易经》中“大哉乾元”的含义，定国号为“大元”。

1276年，元军占领临安，俘虏了南宋皇帝，南宋灭亡。

1279年，元军在崖山海域击败南宋余部，完成统一。

史实意义

在政治上，北宋建立后，统治者推行了一系列纠正措施，包括加强中央对地方的控制、增设机构或官员分散权力、崇文抑武等。这些措施达到了巩固中央集权、维护社会稳定的目的，但也产生了统治效率不高、财政开支巨大、军队作战能力低下等消极影响。为了巩固统一，加强对辽阔疆域的管理，元朝建立了行省制度。

巩固练习

一、填空题

1.宋真宗时期,宋与辽议和,双方订立和议,史称“____________”。

2.元朝建立了行省制度,当时中央行使宰相职权的机构是中书省,中央委派官员代表中书省处理地方事务,并逐渐固定为地点常设机构,称为____________,简称行省。

3.1141 年,南宋与金订立和议,史称“____________”。

二、选择题

1.“陈桥兵变”“杯酒释兵权”中的主人公是(　　)。

A.宋太祖赵匡胤　　B.唐高祖李渊

C.汉高祖刘邦　　D.曹魏曹操

2.元朝在中央设中书省、地方设行中书省,其目的是(　　)。

A.发展农业生产　　B.加强民族融合

C.加强对辽阔疆域的管理　　D.实现国家的统一

3.钱穆认为,宋朝以前“皇帝用宰相,宰相用谏官,谏官的职责是专门谏诤皇帝的过失。……谏官不监察政府,他只纠绳皇帝”。到宋朝则实行“台谏合一”制度,“谏官不准由宰相任用,于是台官谏官同为须由皇帝亲擢了”。这一变化(　　)。

A.加强了皇帝权力　　B.加强了宰相权力

C.削弱了监察制度　　D.造成了冗官现象

4.蒙古在统一的进程中摧毁的最后一个政权是(　　)。

A.南宋　　B.辽　　C.西夏　　D.金

5.自(　　)起,西藏正式纳入中央政府管辖,由专设的宣政院管理。

A.元朝　　B.唐朝

C.两汉时期　　D.宋朝

6.元朝是中国历史上首个由少数民族建立的大一统王朝,疆域辽阔,民族众多。为加强对全国的统治,元朝采取了一系列措施,其中建立的地方行政制度一直沿用至今。这一制度是(　　)。

A.行省制　　B.科举制

C.郡县制　　D.厂卫制

7.《马可·波罗行纪》向欧洲人展示了新奇的东方世界:“各大街两旁,皆有种种商店屋舍。全城中划地为方形,划线整齐,建筑房舍。每方足以建筑大屋,连同庭院园囿而有余。以方地赐各部落首领,各首领各有其赐地。方地周围皆是美丽道路,行人由斯往来。全城地面规划有如棋盘,其美善之极,未可言宣。”这段文字描绘的是中国(　　)的布局。

A.秦咸阳　　B.唐长安

C.宋东京　　D.元大都

三、简答题

1.赵匡胤为了强化中央集权采取了哪些措施？产生了哪些影响？

2.简述王安石变法的背景，涉及的领域及影响。

四、材料题

阅读材料，并按要求回答下列问题。

材料一 “大宋皇帝谨致誓书于大契丹皇帝阙下：共遵成信，虔奉欢盟，以风土之宜，助军旅之费，每岁以绢二十万匹，银一十万两……差人搬送至雄州交割。”

——摘编自李焘《续资治通鉴长编》

材料二 “死去元知万事空，但悲不见九州同。王师北定中原日，家祭无忘告乃翁。”

——陆游《示儿》

(1)材料一中的“誓书”历史上称为什么？此“誓书”签订后，对宋辽关系产生了怎样的影响？

(2)材料二中的“王师北定中原”是要讨伐谁？陆游生活在什么时代？

(3)从两则材料中可以看出，宋辽、宋金之间的关系是怎样的？谈谈你对宋辽、宋金之间关系的认识。

第11课 宋元时期的经济、科技与文化

知识梳理

宋元时期的经济、科技与文化

宋代农业发展成就突出。棉花的栽培主要始于宋代，到元代逐渐在南方普遍种植，带动了棉纺织业的发展。

制瓷业是宋元时期进步最显著的手工业。

矿冶业在北宋手工业中占有重要地位。

宋元造船技术先进，所造大型远洋海船“舟如巨室，帆若垂天之云”。

印刷业发展迅速，有力地推动了文化的普及，并且进一步带动了造纸业的发展。

宋代是中国古代商品经济发展的一个高峰时期。

海外贸易繁荣，为宋元两朝带来大笔税收。

从唐代中叶开始，南方的经济实力逐渐超过北方，这一趋势在北宋继续发展。

元朝时，南北经济差距继续扩大。

印刷术、指南针和火药的应用在宋朝基本成熟。

儒家思想在宋代有重要发展，逐渐形成了以“理”为核心概念的新儒学体系，称为理学。

唐代后期出现的一种新诗体——词，到宋代进入鼎盛时期。

元代文学的主要成就是曲，包括散曲和杂剧。

宋元城市中说书演出十分盛行。

宋元时期，书法名家辈出，与唐代相比更加追求个性，不拘法度。

史实意义

在经济上，棉纺织业、制瓷业、矿冶业、造船技术、印刷业等有了进一步发展，行业发展成就突出。北宋时期，开始出现纸币，元朝将纸币作为主币，在全国范围内发行。宋元时期，海外贸易繁荣。在宋朝确立了南方经济重心的地位。元朝时，南北经济差距继续扩大。在思想文化与科技上，“程朱理学”强化了儒学在巩固社会伦理道德秩序和培养理想人格方面的作用。“程朱理学”的代表人物是北宋的程颢、程颐兄弟和南宋的朱熹。新诗体——词在宋朝进入鼎盛时期，婉约派词作家柳永、李清照和豪放派词作家苏轼、辛弃疾成就最为突出。元朝文学的主要成就是曲，包括散曲和杂剧。绘画成就以山水画最为突出，花鸟、人物、风俗画水平也很

高，在技法和意境上多有创新。北宋工匠毕昇发明了活字印刷术。宋元时期，火药广泛应用于军事，指南针广泛应用于航海。

巩固练习

一、填空题

1.儒家思想在宋代有重要发展，逐渐形成了以“理”为核心概念的新儒学体系，称为______。

2.元朝将____________作为主币，在全国范围内发行。

3.____________是宋元时期进步最显著的手工业。元代以烧制________和________著称。

4.____________包括散曲和杂剧。元杂剧标志着我国古代戏曲艺术的成熟，代表作家有____________、____________等。

5.宋元时期，绘画成就以____________最为突出。

6.北宋司马光主编的《____________》是一部规模宏大的编年体通史。

二、选择题

1.北宋政府在辽、西夏的边境设置了“榷场”。“榷场”指的是(　　)。

A.娱乐场所　　B.贸易场所

C.军事要地　　D.医疗场所

2.在宋朝的海外贸易中，中国输出的商品主要是丝织品、瓷器、茶叶等，输入的商品以香料、珠宝等为主。政府每年从海上进口贸易中获利颇丰。这表明，在宋朝(　　)。

A.进口商品成为基本生产资料　　B.开辟了海上丝绸之路

C.外贸成为国家税收主要来源　　D.手工业生产较为发达

3.北宋时期，宋真宗派人到福建取得占城稻三万斛(hú)，令江淮两浙诸路种植，后扩大到北方诸路；宋仁宗时，大麦、小麦被推广到广南东路惠州等地。南宋时，“四川田土，无不种麦”。这说明宋朝(　　)。

A.土地利用效率提高　　B.利用翻车提高了生产力

C.区域经济发展均衡　　D.民众饮食结构发生根本改变

4.我国在(　　)时期完成了经济重心的南移。

A.元朝　　B.明清　　C.唐朝　　D.两宋

5.《宋史》记载：“有造突火枪，内安子窠，如燃放，焰绝后子窠发出，如炮声，远闻五十余步。”文中描述的发明是(　　)。

A.造纸术　　B.印刷术　　C.火药　　D.指南针

6.元代的(　　)被外国旅行家称为“世界最富丽名贵之城”。

A.开封　　B.台州　　C.杭州　　D.广东

7.北宋工匠毕昇发明了活字印刷术。“活字”指的是(　　)。

A.木活字　　B.铅活字　　C.铜活字　　D.泥活字

8.下列选项中,属于豪放派词作家的是(　　)。

A.李清照　　B.柳永　　C.苏轼　　D.晏殊

9.北宋画家(　　)的代表作是《清明上河图》。

A.李公麟　　B.黄庭坚　　C.张择端　　D.赵孟頫

三、简答题

简述宋代海外贸易发达的原因有哪些。

四、材料题

阅读材料,并按要求回答下列问题。

材料一　“斗门一闭君休笑,要看水从人指挥。”

——杨万里《圩丁词十解》

材料二　“渺茫无际,天水一色,舟舶来往,唯以指南针为则。昼夜守视唯谨,毫厘之差,生死系矣。”

——摘编自赵汝适《诸蕃志》

(1)材料一描述的是哪种农田类型?它的出现和发展对农业生产有何重要意义?

(2)材料二反映了指南针在航海中的什么作用?指南针是何时开始应用于航海的?指南针对人类文明进步的贡献体现在哪些方面?

第六单元

明清统一多民族国家进一步巩固与封建统治危机

单元史实概要

明清时期,统一多民族国家进一步巩固和发展。明清两朝的制度对中国社会发展以及与周边国家的关系都有重要影响。这一时期,农业、手工业的发展达到新的高度,人口出现前所未有的增长,商业和对外贸易空前繁荣,科技和文化取得重要成就。清中叶以后,吏治腐败,军备废弛,国库空虚,封建统治出现危机。

通过本单元的学习,培养学生居安思危、以天下为己任的家国情怀,树立正确的人生观、价值观,增强学生的社会责任感。

单元目标聚焦

◆课标要求

(1)知道明清王朝的更迭。

(2)知道明至清中叶各民族追求团结统一的史实。

(3)认识明至清中叶这一时期维护统一和经略边疆的意义。

(4)知道南海诸岛、台湾及其包括钓鱼岛在内的附属岛屿是中国领土的一部分。

(5)了解明至清中叶社会经济和科技文化的重要变化。

(6)知道明至清中叶君主专制统治的发展。

(7)认识中国封建社会面临的危机及原因。

◆重点与难点

学习重点:

(1)明清王朝的更迭;

(2)明至清中叶各民族追求团结统一的史实;

(3)明至清中叶这一时期维护统一和经略边疆的意义;

(4)南海诸岛、台湾及其包括钓鱼岛在内的附属岛屿是中国领土的一部分。

学习难点：

(1)明至清中叶各民族追求团结统一的史实；

(2)明至清中叶这一时期维护统一和经略边疆的意义；

(3)明至清中叶君主专制统治的发展；

(4)中国封建社会面临的危机及原因。

第12课　明朝的兴亡

知识梳理

明朝的兴亡

元朝末年，政治腐败加剧，社会矛盾激化。

1351年，红巾军农民起义爆发，多地义军响应并建立政权。

1368年，朱元璋称帝，国号大明，以应天府为都城。

明初，明太祖废除宰相制，政务由六部分理，六部尚书直接听命于皇帝。

为辅助皇帝处理政务，明成祖设立内阁作为皇帝的秘书机构。

明成祖朱棣即位后，开始营建北京城。1420年，皇城建成，次年正式迁都北京。

明朝在边疆和民族地区保留元朝建立的土司制度。

1405—1433年，明朝派郑和率领船队七次下西洋。

1556年，戚继光受命平倭。

万历初期，内阁首辅张居正大刀阔斧地进行改革。

万历末年，宦官专权，特务机关东厂和锦衣卫横行无忌，党争不断，政治日益败坏。

1616年，建州女真统一女真各部，建立后金政权。

1644年，李自成在西安建立大顺政权，随即攻入北京，崇祯皇帝自缢，明朝灭亡。

史实意义

在政治上，明朝废除宰相制，设内阁，加强了君主专制。废行省，设三司，加强了中央集权。在经济上，郑和率领船队七次下西洋，所率船队人员最多达两万余人，编队船只种类齐全，船队的活动范围从中国南海到印度洋，直至非洲东部广大海域，是当时世界上规模最大的远洋航海活动，增进了中国与亚非国家之间的联系，为人类的航海事业作出了重大贡献。

巩固练习

一、填空题

1.1368 年，__________称帝，国号大明，以__________为都城。

2.为辅助皇帝处理政务，明成祖设立__________作为皇帝的秘书机构。

3.明太祖废除元朝的行省，在地方设立__________、__________和__________，分别管理民政、军事与司法事务。

4.明朝在边疆和民族地区保留了元朝建立的__________，设立__________管理西藏军民事务，设立__________管理西域。

5.明朝时期，__________是当时世界上规模最大的远洋航海活动，增进了中国与亚非国家之间的联系，为人类的航海事业作出了重大贡献。

二、选择题

1.明朝晚期，内有宦官专权与朋党相争，外有满洲的兴起与威胁。最终推翻明王朝的是(　　)。

A.满洲八旗军队　　B.李自成率领的起义军

C.宦官与权臣　　D.镇守山海关的名将吴三桂

2.明朝初期，明太祖废除宰相制，政务由六部分理，六部尚书直接听命于皇帝。为辅助皇帝处理政务，明成祖设立内阁作为皇帝的秘书机构，选用文官作为大学士入阁办事，负责处理章奏、草拟谕旨等事务。这表明(　　)。

A.权臣乱政的现象被消灭　　B.君主集权加强

C.内阁取代宰相　　D.文官权力加强

3.明初，全国政务由六部分理，六部尚书直接听命于皇帝。这是因为明太祖废除了(　　)。

A.锦衣卫　　B.内阁　　C.三司　　D.宰相制

4.明成祖让殿阁大学士根据皇帝的旨意参与机密事务的决策，逐步建立中央机密事务处理机构，从而确立了(　　)制度。

A.厂卫　　B.八股取士　　C.内阁　　D.中书省

5.明万历年间，神宗下令工部铸钱以供内府用，内阁首辅张居正“以利不胜费止之”。神宗向户部索求十万金，张居正面谏力争，“得停发太仓银十万两”。这反映出当时(　　)。

A.内阁权势强大　　B.皇权受到严重制约

C.社会经济凋敝　　D.君权相权关系紧张

6.明朝中期，社会矛盾尖锐，统治危机不断加深。内阁首辅张居正大刀阔斧地进行改革，改革的主要内容不包括(　　)。

A.严格考核官员政绩　　B.增设宰相

C.实行“一条鞭法”　　D.充实军队，整饬边防

三、简答题

简述明朝加强皇权的措施。

四、材料题

阅读材料,并按要求回答下列问题。

材料一 自秦始置丞相,不旋踵而亡。汉、唐、宋因之,虽有贤相,然其间所用者多有小人,专权乱政。今我朝罢丞相,设五府、六部、都察院、通政司、大理寺等衙门,分理天下庶务,彼此颉颃,不敢相压,事皆朝廷总之,所以稳当。

——摘编自《皇明祖训》

材料二 八股之害等于焚书,而败坏人材,有甚于咸阳之郊所坑者但四百六十馀人也。

——摘编自顾炎武《日知录·拟题》

(1)材料一中明太祖认为丞相制度存在哪些弊端?他采取了什么措施来解决这些弊端?

(2)材料二中顾炎武对八股文持什么态度?为什么他会有这样的态度?

(3)结合上述材料及所学知识,谈谈明朝加强皇权的措施对中国社会产生了怎样的影响。

第13课 清前中期的兴盛与危机

知识梳理

清前中期的兴盛与危机

1636年，女真部落首领努尔哈赤之子皇太极称帝，改后金为大清，建立清朝。

1644年，清军入关，定都北京。随后清军南下，击败李自成，并消灭了南明政权。

1661年，郑成功率领舰队渡过海峡，驱逐荷兰殖民者，次年收复台湾。

1683年，康熙皇帝派施琅率军攻台，郑成功之孙郑克塽投降。次年，清朝设立台湾府，隶属福建省。清朝统一全国。

俄国从17世纪起就频繁入侵我国东北，并占据雅克萨等地。康熙皇帝派遣军队击败俄国侵略者，取得雅克萨之战的胜利。

1689年，清朝与俄方签订《尼布楚条约》。

雍正时期清朝又与俄方签订了《恰克图条约》。

乾隆末年，政治腐败，财政困窘，军备废弛，贫富分化严重，社会矛盾日趋激化。嘉庆时，天理教徒攻入皇宫。

17世纪以来，西方殖民势力通过新航路向全世界扩张，西方殖民国家开始觊觎中国。

18世纪中期后，英国等西方主要国家相继发生工业革命，对华贸易总量增长迅速，中国在世界经济、贸易中占有重要地位。

1600年，英国成立东印度公司。自18世纪起，东印度公司在印度广泛种植鸦片，贩运至中国牟取暴利。

史实意义

在政治上，清朝作为少数民族建立的政权，其统治过程促进了民族融合。同时，清朝创设奏折制度，设立军机处，设立总管内务府衙门，这些措施加强了君主专制。

巩固练习

一、填空题

1.清朝以行省为地方最高一级行政机构，长官为________，下设__________、__________和县。

2.1689 年,清朝与俄方签订了《____________》,以格尔必齐河、额尔古纳河和外兴安岭为界,划定中俄东段边界。

3.雍正时期,清朝与俄方签订了《____________》,以恰克图东至额尔古纳河为界,划定中俄中段边界。

4.从明朝起,朝廷进行改革,废除土司土官,改由中央派遣的流官进行管理,史称"____________"。

5.1683 年,康熙皇帝派施琅率军攻台,郑成功之孙郑克塽投降。次年,清朝设立________,隶属福建省。清朝统一全国。

二、选择题

1.某中职学校历史兴趣小组准备开展以"明清加强专制统治"为主题的探究活动。下列选项中,符合主题的有(　　)。

①废除宰相制　②设军机处　③创设奏折制度　④设内阁

A.①②④　　B.②③④

C.①③④　　D.①②③④

2.郑成功收复台湾时,台湾被(　　)殖民者占据。

A. 英国　　B. 西班牙

C. 荷兰　　D. 葡萄牙

3.《尼布楚条约》涉及的边界及领土位于中国(　　)。

A.西北　　B.东北

C.东南　　D.西南

4.清朝前期,出现了经济发展、吏治清明、国家统一、社会稳定、人口大增、国力空前强盛的局面,史称(　　)。

A."文景之治"　　B."贞观之治"

C."开元盛世"　　D."康乾盛世"

5.以下事件发生在清朝(　　)在位时期。

①雅克萨之战　②1683 年施琅率军攻台　③三征噶尔丹

A.康熙皇帝　　B.皇太极　　C.努尔哈赤　　D.雍正皇帝

6.清朝统治者认为,天朝物产丰盈,无所不有,原不藉外夷货物以通有无。于是实行了(　　)政策,阻碍了中国的对外贸易。

A.闭关自守　　B.重本抑末

C.海禁　　D.鼓励海外贸易

7.清朝后期,"处处皆关,关关有税""如有打造双桅五百石以上桅式船只出海者,不论官兵民人,俱发边卫充军"。这反映了清朝(　　)的政策。

A.设立关卡、禁绝贸易　　B.重农抑商、打击海运

C.征收重税、限制商贸　　D.抑制商业、实行海禁

8.通过康熙、雍正、乾隆三朝的努力,清朝实现了周边海陆疆界的稳定。清朝版图东________,西________。依次填入横线处的内容,最恰当的一组是(　　)。

①辽东　②陇西　③临太平洋　④跨葱岭

A.①②　　B.②④　　C.①③　　D.③④

三、简答题

清朝前期加强对边疆地区管辖和维护统一的主要措施有哪些?有何意义?

四、材料题

阅读材料,并按要求回答下列问题。

在统治多民族大一统国家方面,清朝积累了不少成功的经验。清朝在中央设有专门负责边疆民族事务管理的机构——理藩院。前代的类似机构通常为礼部下属,而清朝的理藩院直接受皇帝领导。出于统治边疆民族地区的需要,清廷大力推行民族立法工作。早在入关之前,已经颁布《蒙古律书》,入关之后,对这部法律不断增补修订,嘉庆年间,修成《理藩院则例》713条,这是一部适用于各个边疆民族地区、具有普遍意义的民族法规。此外,清廷也针对不同边疆地区颁布了一些区域性立法。对新疆维吾尔地区,乾隆时颁行了《回疆则例》;对西藏,乾隆一朝先后颁行《西藏善后章程》《钦定西藏章程》等多部法规。乾隆三十六年,土尔扈特汗渥巴锡率部众回归清朝,受到乾隆皇帝的隆重接见和宴请。

——摘编自袁行霈《中华文明史第四卷》

(1)根据材料,概括清朝处理民族关系的主要措施。

(2)根据材料并结合所学知识,简析清朝处理民族关系措施的积极意义。

第14课 明清时期的经济、科技与文化

知识梳理

明清时期的经济、科技与文化

明朝建立后，推行了一系列奖励垦荒的政策与措施，大规模开展民屯、军屯和水利建设，土地利用率大大提高，全国粮食种植面积大幅增加，因战乱而凋敝的经济迅速恢复。

清朝对黄河、淮河、永定河以及江海堤塘的长期治理，取得显著成效。

明清时期，手工业获得很大发展。生产规模不断扩大，产量增加，产业门类增多，工艺流程和技术得到改良。

明清时期商业繁盛，商品畅通无阻。

明清时期出现了许多总结性的重要科技著作。

明清两代，水利事业得到发展。

明清之际，一些欧洲天主教传教士来华，担任官职或在民间传教。

我国古代建筑在世界上独树一帜，宫廷苑囿、江南园林是其代表。

明朝中期，教条化的程朱理学禁锢着人们的思想。

明清之际，士大夫阶层倡导关注现实、贴近社会问题的经世致用之学。

清朝前中期，国家安定，经济发展，财政充裕。

明清时期，文学创作进入繁盛时期。

史实意义

在经济上，农业方面，推行了一系列奖励垦荒的政策与措施，大规模开展民屯、军屯和水利建设，土地利用率大大提高。手工业方面，私营手工业发展迅速，成为手工业的主体力量。纺织业、陶瓷业、造船业、造纸业、矿冶业遍布全国。商业繁盛，海外贸易发展迅速。在思想文化与科技上，明朝重视儒学，规定科举考试中的四书部分要以程朱理学为正统学说。明朝中期，教条化的程朱理学禁锢着人们的思想。明清之际，顾炎武、王夫之、黄宗羲等人开创了新的学术风气。明清时期，文学创作进入繁盛时期，我国古代小说的创作达到一个高峰；戏曲欣赏也成为民众重要的文化生活内容之一。明清时期出现了许多总结性的重要科技著作，包括《天工开物》《农政全书》等。明朝著名水利专家潘季驯提出“束水攻沙”的治水理论。一些欧洲天主教传教士带来了天文、地图测绘、几何、机械等西方近代科学技术。

巩固练习

一、填空题

1.宋应星的《____________》被誉为中国17世纪的工艺百科全书。

2.徐光启的《____________》总结了古代农业政策和农业技术，是一部具有重要价值的农业百科全书。

3.明朝注重儒学，规定科举考试中的四书部分要以____________为正统学说，以官方编著的《____________》《四书大全》《性理大全》为具体内容，以____________为文章程式。

4.成书于明朝后期的《____________》记载了作者实地考察过程中观察到的自然地理和人文地理现象，开辟了地理学上系统观察自然、描述自然的新方向。

5.明朝中期，王阳明等有见识的士大夫提倡摆脱僵化的理学的束缚，提出“________”，倡导“______________”。

6.____________、____________和____________被称为“清初三大家”。

二、选择题

1.苏州盛泽镇在明朝中期还是一个普通的村落，而到明末，“那市上两岸绸丝牙行，约有千百余家”。盛泽镇的繁荣主要得益于(　　)。

A.手工业门类增多　　B.全国性商贸中心形成

C.纺织业的快速发展　　D.陆上丝绸之路的开通

2.李时珍写的(　　)，被誉为“东方药物巨典”。

A.《伤寒杂病论》　　B.《天工开物》

C.《本草纲目》　　D.《三国演义》

3.景德镇以(　　)著称。

A.纺织业　　B.陶瓷业

C.造纸业　　D.矿冶业

4.京剧是中国的国粹之一，它形成于(　　)。

A.元朝　　B.明朝

C.清朝前期　　D.清朝后期

三、简答题

1.明朝中后期商品经济发展的表现。

2.列举明清时期的主要科技成就及其作者。

四、材料题

阅读材料,并按要求回答下列问题。

材料一 “机户出资,机工出力,相依为命久矣。”

——摘编自《明神宗实录》

材料二 (明清时期)商业资本十分活跃,积累了百万乃至千万两白银。全国各地出现了许多大小商人,他们在各地设会馆、公所,组织商帮。如山西商帮、徽州商帮、福建商帮、广东商帮、陕西商帮、山东商帮、江右商帮、洞庭商帮、宁波商帮、龙游商帮等。

——摘编自孔经纬《简明中国经济史》

(1)材料一反映了明清时期的什么经济现象?这种现象的实质是什么?

(2)材料二反映了明清时期商业发展的哪些特点?

第七单元

晚清的民族危机与救亡图存

单元史实概要

自1840年鸦片战争起，列强接连发动侵略中国的战争，强迫清政府签订一系列不平等条约，中国的主权独立和领土完整不断遭到破坏，逐步成为半殖民地半封建社会。面对列强的侵略，中国军民奋起抗击；面对民族危机，社会各阶级开始了救亡图存的探索。太平天国农民起义试图推翻清朝统治，建立“无处不均匀，无人不饱暖”的理想社会；洋务运动试图通过引进西方技术富国强兵；戊戌变法运动希望通过学习西方政治制度救亡图存。这些努力都未能挽救民族危亡。

通过本单元的学习，学生能够树立正确的国家观，增强对祖国的认同感，传承民族气节，培养爱国精神。

单元目标聚焦

◆课标要求

(1)知道列强侵华对中国社会的影响。

(2)了解晚清时期中国人民反抗外来侵略的斗争事迹。

(3)知道社会各阶级为挽救民族危亡所作的努力及其局限性。

◆重点与难点

学习重点：

(1)列强侵华对中国社会的影响；

(2)晚清时期中国人民反抗外来侵略的斗争事迹；

(3)社会各阶级为挽救民族危亡所作的努力。

学习难点：

(1)列强侵华对中国社会的影响；

(2)社会各阶级为挽救民族危亡所作的努力及其局限性。

第15课 列强入侵与中国人民的反抗斗争

知识梳理

列强入侵与中国人民的反抗斗争

1839年6月，林则徐将收缴的英美商人走私鸦片两万多箱，在虎门海滩公开销毁。

1840年6月，鸦片战争爆发。

1842年8月，清政府被迫与英国签订中国近代史上第一个丧权辱国的不平等条约——中英《南京条约》。

1843年，英国又强迫清政府签订《虎门条约》。

1856年，第二次鸦片战争爆发。

1860年，英法联军侵入天津、北京，洗劫并焚毁了举世闻名的皇家园林圆明园。

1878年，左宗棠成功收复除伊犁以外的新疆全部领土。

1883年，中法战争爆发。中法战争后，清政府于1885年在台湾建省，强化了对台湾的管辖。

1894年8月1日，甲午中日战争爆发。

1895年，清政府被迫签订《马关条约》。之后，义和团运动兴起。

1900年，英、美、俄、日、法、德、意、奥匈八国组成侵华联军，相继攻陷天津、北京，慈禧太后和光绪皇帝仓皇出逃。

1901年，清政府被迫与组成侵华联军的8国及西班牙、荷兰、比利时3国共11国签订丧权辱国的《辛丑条约》。

史实意义

在政治上，列强发动一系列侵华战争，中国主权遭到破坏，逐步沦为半殖民地半封建社会。

巩固练习

一、填空题

1.__________年6月，英国远征军到达广州珠江口外，鸦片战争爆发。

2.1843年，英国强迫清政府签订《__________》，获得了领事裁判权、片面最惠国待遇和在通商口岸租地建房等权利。

3.__________战争是中国近代史的开端。

4.第二次鸦片战争期间，清政府被迫与__________、__________、__________、美四国分别签订《天津条约》。

5.1860 年，英法联军侵入天津、北京，洗劫并焚毁了举世闻名的皇家园林__________。

6.《马关条约》的主要内容：①承认朝鲜独立；②割让辽东半岛、台湾全岛及所有附属各岛屿、澎湖列岛给日本；③赔款 2 亿两白银；④____________________；⑤日本可以在中国通商口岸开设工厂。

7.面对空前严重的民族危机，义和团以"__________"为口号掀起反洋教斗争。

8.1900 年，为镇压中国人民的反侵略战争，英、美、俄、日、法、德、意、奥匈八国联军相继攻陷天津、__________，慈禧太后和光绪皇帝仓皇出逃。

9.《__________》的签订，标志着中国完全成为半殖民地半封建社会。

二、选择题

1.19 世纪上半期，英国对中国贸易一直处于贸易逆差地位。为了扭转贸易逆差，英国向中国大量输出(　　)。

A.棉布　　B.蒸汽机

C.鸦片　　D.茶叶

2.有西方学者在分析第二次鸦片战争爆发原因时说："欧洲人渴望中国做出更大的让步以实现其贸易扩张。"若对该次战争爆发的原因进行补充，下列选项正确的是(　　)。

A.西方国家希望通过"最惠国待遇"获得更多权益

B.西方国家想借"修约"名义牟取更多的在华利益

C.清政府没有遵守《南京条约》各项条款的规定

D.清政府拒绝了英国提出的领事裁判权的要求

3.英国史学家马士说："当中国人实行一种激烈的禁烟运动而使危机加剧的时候，战争果然就来到了。"材料中"禁烟运动"的领导人是(　　)。

A.左宗棠　　B.李鸿章

C.邓世昌　　D.林则徐

4.(　　)之后，鸦片以"洋药"名义纳税进口，鸦片贸易被合法化。

A.第一次鸦片战争　　B.第二次鸦片战争

C.甲午中午战争　　D.八国联军侵华战争

5.1842 年 8 月，清政府被迫与英国签订中国近代史上第一个丧权辱国的不平等条约——中英《南京条约》。以下内容不属于《南京条约》的是(　　)。

A.割让香港岛给英国

B.增开天津为商埠

C.赔款 2 100 万银元

D.开放广州、福州、厦门、宁波、上海五处为通商口岸

6.李军同学喜欢用顺口溜记忆中国近代史上不平等条约的内容。例如,他将某个不平等条约的内容编成"割台湾、赔两亿、增四口、设工厂"的顺口溜。该不平等条约是指(　　)。

A.《南京条约》　　B.《北京条约》

C.《马关条约》　　D.《辛丑条约》

7.19 世纪末,列强掀起了瓜分中国的狂潮。1898 年,英国发出照会,要求清政府"确切保证不将扬子江(指长江从江苏仪征以下至入海口的下游河段的旧称)沿岸各省租押或以其他名义让予他国"。清政府答复:"断不让予或租给他国。"这意味着(　　)。

A.英国将长江流域辟为殖民地　　B.长江流域成为英国势力范围

C."门口开放"政策宣告失败　　D.清政府成功维护了主权完整

8.1900 年 4 月,梁启超评价义和团为"暴徒""匪""乱民"。7 月之后,他却认为义和团"赴死军前,曾不返顾""以抗御普世界中显赫之重强国"。这一变化反映了义和团运动(　　)。

A.有利于民主意识觉醒　　B.斗争的目标是推翻清政府

C.斗争方式趋于落后　　D.符合救亡图存的时代主题

9.法国政府曾向各国递交一份备忘录,为将要到来的议和定调子。其中写道:"由于各国使馆希望前往沿海或各国部队想要从沿海前往首都(北京),为了保持道路始终畅通起见,各国对某些地方进行军事占领。"该条文的核心内容最终写入了(　　)。

A.《黄埔条约》　　B.《天津条约》

C.《北京条约》　　D.《辛丑条约》

三、简答题

简述鸦片战争、甲午中日战争和八国联军侵华战争发生的时间、签订的条约,并说明我国是怎样一步步沦为半殖民地半封建社会的。

四、材料题

阅读材料,并按要求回答下列问题。

材料一　旅顺陷后,海军提督丁汝昌褫职,仍统海军驻威海,兵舰既弱,坐守而已。日舰集大连湾,将袭威海,先攻登州,陷荣城。日舰二十五艘环威海口外。海军方新败,并匿不出。汝昌恐北炮台不能守,命卸巨炮机件以归,免资敌,戴宗骞持不可。无何北台陷,宗骞奔刘公岛。日军踞炮台,以台之巨炮俯击澳内兵舰……海军水手并登岸,噪出,鸣枪过市,声言向提督乞生路,刘公岛中大扰。诸洋员请姑许乞降,以安众心,汝昌不可。军士露刃挟汝昌,汝昌仰药死。

诸将推洋员托汝昌之名，作降书。日军受降。

——摘编自杨松《中国近代史资料选编》

材料二 当中国盛时，日本不敢与抗。咸丰庚申中英之战，败衅，英、法、俄、美并为有约之国，日本不得与……是役（甲午中日战争）后，日人资中国赔款以兴百政，培力既厚。俄、法、德以仗义归辽，责报殊奢，而中国复乖于应付，于是俄据旅顺、大连湾，英据威海卫，德据胶州，法据广州湾，以互为钤制。中国乃不国矣。

——摘编自杨松《中国近代史资料选编》

（1）结合材料一和所学知识，归纳北洋舰队失败的主观原因。

（2）结合材料二和所学知识，概括甲午中日战争中国战败所造成的危害。

第16课 探索国家出路与挽救民族危亡的努力

知识梳理

探索国家出路与挽救民族危亡的努力

1843年，洪秀全创立了拜上帝会。

1851年1月，洪秀全等在广西桂平金田村发动起义，建号太平天国。

1853年，太平军沿长江东下，占领南京，改称天京，定都于此，正式建立与清朝对峙的政权。

1864年7月，天京陷落，太平天国运动失败。

19世纪60年代至90年代中期，清朝统治阶级中的一些当权者发起了以学习与引进西方的军事装备、机器生产和科学技术为主要内容，以自强求富、挽救清朝统治危机为宗旨的“洋务运动”，被称为“洋务派”。

1895年4月的“公车上书”拉开了维新运动的序幕。

1898年6月11日，光绪皇帝在维新派推动下，下诏变法。

史实意义

太平天国运动、洋务运动和戊戌变法等一系列国内运动，在政治上，加速清朝衰落，推动了近代化，但均未能真正挽救中国。在思想文化上，逐步突破传统束缚，推动近代思想启蒙。

巩固练习

一、填空题

1.太平天国前期颁布《____________》，提出“有田同耕，有饭同食，有衣同穿，有钱同使”的主张。

2.1864年，____________陷落，太平天国运动失败。

3.“洋务运动”的宗旨是____________、挽救清朝统治危机。

4.为了“求富”，洋务派开办了____________、____________、____________等官督商办的民用企业。

5.1862年，洋务派在北京创办____________，这是中国近代第一所新式学校。

6.“____________”拉开了维新运动的序幕。

二、选择题

1.太平天国运动对中国近代化产生了一定影响,这主要表现为它(　　)。

A.否定了封建土地所有制　　B.动摇了清朝的统治基础

C.打击了外国侵略势力　　D.实施了发展资本主义的方案

2.1862年,京师同文馆设立。该馆先后开设外语、化学、物理、各国史略、航海测算、富国策、万国公法等课程。据此判断,下列选项中对京师同文馆的分析正确的是(　　)。

A.京师同文馆的创办标志着西学东渐进程开始

B.京师同文馆致力于“变科举”“改官制”

C.创办京师同文馆是为洋务运动培养新式人才

D.创办京师同文馆旨在宣传“德先生”“赛先生”

3.为了“自强”,洋务派创办了一些官办军事工业。以下不属于官办军事工业的是(　　)。

A.福州船政局　　B.轮船招商局

C.天津机器局　　D.江南机器制造总局

4.下列人物不属于洋务派的是(　　)。

A.林则徐　　B.曾国藩　　C.李鸿章　　D.左宗棠

5.日本强迫清政府增开重庆为商埠那一年发生的历史事件有(　　)。

①日俄战争在中国东北爆发

②台湾人民掀起了反割台斗争

③康有为发动了“公车上书”

④第二次鸦片战争爆发

A.①②　　B.①④　　C.②③　　D.③④

三、简答题

简述洋务运动的目的、目标、代表性人物,并对其进行评价。

四、材料题

阅读材料，并按要求回答下列问题。

材料一 土地分配，凡分田，照人口，不论男妇，算其家人口多寡，人多则多分，人寡则寡分，杂以九等。产品分配，根据“天下人人不受私，物物归上主”的原则，每户留足口粮，其余归国库。妇女和男子一样可以参加科举考试，废除买卖婚姻和奴婢，设女营女官。

——摘自洪秀全《天朝田亩制度》

材料二 政治上，向西方学习，以法治国，官吏由公众选举；经济上，发展工商业，奖励技术发明；文教上开设新式学堂；外交上主张与外国平等交流，但不准干涉中国内政。

——摘自洪仁玕《资政新篇》

材料三 （太平天国）除改朝换代以外，他们没有给自己提出任何任务……他们的全部使命，好像仅仅是用丑恶万状的破坏来与停滞腐朽对立……显然，太平天国就是中国人的幻想所描绘的那个魔鬼的化身。这类魔鬼是停滞的社会生活的产物。

——摘自马克思《中国纪事》

材料四 中国的近代化不同于欧美国家，要在取得政治上的独立后，才能进行。太平天国是中国近代史上规模巨大的一次反封建反侵略的农民战争，其任务是推翻封建统治，争取民族独立。因此，它的出现有利于中国的近代化。

——摘自《太平天国运动对中国近代化的作用》

(1)根据材料一，《天朝田亩制度》反映了农民怎样的愿望？有何进步意义？产品分配体现了怎样的原则？

(2)你认为《天朝田亩制度》不能实施的原因是什么？

(3)结合上述材料说说太平天国运动的积极作用。

第八单元

辛亥革命与民国初年的社会

单元史实概要

辛亥革命推翻了清王朝的统治，结束了在中国延续几千年的君主专制制度，建立了中华民国。南京临时政府成立后，颁布了一系列有关政治、经济和社会改革的法令，推动了中国社会的变革和思想解放。袁世凯窃取革命果实后，逐步建立起北洋军阀独裁统治。以孙中山为首的革命党人，为维护民主共和进行了不懈斗争。这一时期，中国民族资本主义得到短暂发展，人们的日常生活出现新气象。以陈独秀等为代表的中国先进知识分子，提倡民主和科学，批判封建旧道德、旧文学，掀起一股思想解放的浪潮。新文化运动由此兴起。

通过本单元的学习，培养学生的辩证思维，塑造健全的人格，引导学生树立正确的历史观，培养实事求是的精神。

单元目标聚焦

◆课标要求

(1)了解孙中山的早期革命活动，知道辛亥革命和中华民国建立的意义。

(2)了解北洋军阀的统治、近代民族工业的发展。

(3)认识新文化运动对近代中国思想解放的影响。

◆重点与难点

学习重点：

(1)辛亥革命和中华民国建立的意义；

(2)新文化运动对近代中国思想解放的影响。

学习难点：

(1)孙中山的早期革命活动，辛亥革命和中华民国建立的意义；

(2)新文化运动对近代中国思想解放的影响。

第17课 辛亥革命与中华民国的建立

知识梳理

辛亥革命与中华民国的建立

《辛丑条约》签订后，清政府迫于形势实施“新政”。

1894年11月，孙中山在檀香山组织兴中会，走上革命道路。随后，民主革命团体如雨后春笋，纷纷出现。

1905年，孙中山和黄兴等以兴中会、华兴会、光复会为基础，在日本东京创建中国同盟会，这是中国近代史上第一个资产阶级性质的全国性革命政党，孙中山被推举为总理。

1911年，湖北革命党人在武昌发动起义。

1912年1月1日，孙中山在南京宣誓就职中华民国临时大总统，宣告中华民国临时政府成立，以1912年为民国元年，改用公历。

1912年2月12日，清政府颁布清帝逊位诏书，宣告统治中国260多年的清王朝终结。随后，孙中山辞职，南京的临时参议院选举袁世凯为临时大总统，辛亥革命的成果落到北洋军阀首领袁世凯手中。

史实意义

在政治上，辛亥革命推翻了清朝政府，结束了在中国延续几千年的君主专制制度。它虽然没有改变旧中国半殖民地半封建的社会性质和中国人民的悲惨境遇，没有完成实现民族独立、人民解放的历史任务，但拉开了中国完全意义上的近代民族民主革命的序幕。辛亥革命极大促进了中华民族的思想解放，传播了民主共和的理念，打开了中国进步潮流的闸门，撼动了反动统治秩序的根基。

巩固练习

一、填空题

1.1903年，邹容在《__________》一书中以高昂的激情歌颂革命，提出推翻清朝统治，建立一个“中华共和国”。

2.1894年，孙中山在檀香山组织__________，走上革命道路。

3.1905年,孙中山和黄兴等以兴中会、华兴会、光复会为基础,在日本东京创建________,这是中国近代史上第一个资产阶级性质的全国性革命政党。

4.孙中山在《民报》发刊词中,将同盟会的政治纲领概括为________、________、________三大主义,合称“三民主义”。

5.1911年10月,武昌起义军成立湖北军政府,推举__________为都督。

6.1911年12月底,孙中山回到上海。独立的各省代表齐聚南京,选举他为__________。

7.1912年1月1日,孙中山在__________宣誓就职,宣告中华民国临时政府成立。

8.1912年,为防止袁世凯专权,孙中山以临时大总统的名义颁布了临时参议院制定的《__________》。

9.__________年2月12日,清帝逊位,清朝覆灭。

10.__________推翻了清朝政府,结束了在中国延续几千年的君主专制制度。

二、选择题

1.叶圣陶在其日记中写道:“课毕后阅读报纸,见专电栏中有云:武昌已为革命党所据,新军亦起而相应……从此而万恶之政府即以推倒,亦未可知也。”这则日记反映的重要事件是(　　)。

A.黄花岗起义　　B.武昌起义

C.义和团运动　　D.黄海海战

2.1903年,邹容在《革命军》绪论中说:“……有起死回生,还命返魄,出十八层地狱,升三十三天堂,郁郁勃勃,莽莽苍苍,至尊极高,独一无二,伟大绝伦之一目的,曰‘革命’。……吾于是沿万里长城,登昆仑,游扬子江上下,溯黄河,竖独立之旗,撞自由之钟,呼天吁地,破颡裂喉,以鸣于我同胞前曰:呜呼!我中国今日不可不革命……”上述言论意在(　　)。

A.传播民主革命思想,振奋国民精神

B.再举斗争旗帜,掀起“二次革命”

C.呼吁以革命方式唤起“亚洲觉醒”

D.说明以上书请愿的办法改革政治行不通

3.《辛丑条约》签订后,清政府迫于形势实施“新政”。新政的主要内容包括(　　)。

①编练“新军”　②鼓励发展工商业　③废科举、办学堂　④改革官制

A.①②③　　B.①②③④

C.①②④　　D.②③④

4.孙中山称(　　)“惊天地、泣鬼神,与武昌革命之役并寿”。

A.护法运动　　B.二次革命

C.甲午中日战争　　D.广州黄花岗起义

5.有人认为,从洋务运动到戊戌变法是革新道路上的“量变”,辛亥革命实现了质的“飞跃”。这里的“飞跃”指的是辛亥革命(　　)。

A.推翻了封建制度　　B.推翻了帝国主义在中国的统治

C.结束了几千年的君主专制制度　　D.完成了反帝反封建的革命任务

6.有人说辛亥革命失败了。以下不是这些人认为的辛亥革命失败的理由的是(　　)。

A.孙中山辞去了临时大总统职位

B.它没有改变半殖民地半封建社会性质

C.它没有完成反帝反封建的革命任务

D.它没有推翻帝国主义和封建主义在中国的统治

7.1911 年 10 月,资产阶级革命派发动了(　　),将辛亥革命推向高潮。

A.惠州起义　　B.河口起义

C.广州起义　　D.武昌起义

8.中国同盟会的机关报是(　　)。

A.《民报》　　B.《国文报》

C.《时务报》　　D.《光华日报》

9.中国近代史上第一部具有资产阶级共和国宪法性质的文件是(　　)。

A.《中华民国临时约法》　　B.《资政新篇》

C.《海国图志》　　D.《中华民国约法》

10.孙中山在《三民主义大旨——在广州中国国民党本部特设办事处成立会的演说》中认为,外国资本主义国家工业发达,却出现“富者敌国,贫者无立锥”的现象,因此中国必须“未雨绸缪,赶紧设法,免得再蹈覆辙”。孙中山旨在(　　)。

A.抨击资本主义制度的弊端　　B.宣传“均贫富”的政治理想

C.为联合苏俄提供政策依据　　D.主张通过革命解决民生问题

三、简答题

1.《中华民国临时约法》颁布的目的是什么?

2.简述辛亥革命的历史功绩。

四、材料题

1.阅读材料，并按要求回答下列问题。

材料一 辛亥革命是近代中国第三次政治变革。与前两次政治变革相似，辛亥革命没有完成近代中国政治转型的任务，两次政治危机的爆发与军阀割据局面的形成，导致近代中国进入了十年军阀混战的时期，共和理想破灭。

——摘编自周泉《辛亥革命与近代中国政治变革的根本困境及启示》

材料二 辛亥革命不但是一次政治革命，也是一次文化革命，一次资产阶级新文化反对封建阶级旧文化的革命。辛亥革命后，服饰纷呈，西装东装、汉服满服，应有尽有。民国政府成立之后，大力推行“剪辫易服”“废止缠足”等法令，传统的婚姻习俗和社交礼仪也发生改变。在教育方面，平民教育、美感教育、科学教育等各种教育思潮此起彼伏，教育逐渐走向现代化和科学化。

——摘编自冉娣《辛亥革命与中国社会发展的新模式探析》

(1)根据材料一并结合所学知识，简析“辛亥革命没有完成近代中国政治转型的任务”的原因。

(2)根据材料二并结合所学知识，说明“辛亥革命不但是一次政治革命，也是一次文化革命”的理由。

第18课 北洋军阀的统治

知识梳理

北洋军阀的统治

1912年3月，袁世凯在北京宣誓就任临时大总统。此后，他表面赞成共和，实际逐步推行独裁统治。

1914年，袁世凯颁布《中华民国约法》，改责任内阁制为总统制。

1914年，第一次世界大战爆发，日本趁欧洲列强无暇东顾之机，提出全面控制中国的"二十一条"。

1915年5月，袁世凯被迫签订不平等的"中日民四条约"。

1915年9月，陈独秀在上海创办《青年杂志》，后改名为《新青年》，揭开了新文化运动的序幕。

1915年12月，蔡锷在云南首倡独立，组织护国军，护国战争爆发。

1917年初，蔡元培就任北京大学校长，主张"思想自由，兼容并包"，延揽陈独秀、胡适等有新思想的学者来校任教。

史实意义

在政治上，袁世凯推行独裁统治，资产阶级革命派为维护民族共和制度发动了"二次革命"、护法运动等一系列革命运动。在思想文化上，共和观念深入人心；高举民主、科学大旗的新文化运动，在中国社会掀起一股思想解放的潮流。

巩固练习

一、填空题

1.1914年，第一次世界大战爆发，日本趁欧洲列强无暇东顾之机，提出全面控制中国的"__________"。

2.《马关条约》签订后，__________毅然放弃仕途，回到家乡创办了大生纱厂，开始了实业救国和教育救国之路。

3.__________在《新青年》上大力提倡民主与科学。

4.新文化运动主张"文学革命"，提倡__________和新式标点符号。

5.新文化运动提倡____________与____________,即拥护“德先生”和“赛先生”。

二、选择题

1.1915 年 9 月,陈独秀在上海创办《青年杂志》,后改名为(　　),揭开了新文化运动的序幕。

A.《文学革命论》　　B.《文学改良刍议》

C.《新青年》　　D.《敬告青年》

2.新文化运动的主要阵地是《新青年》杂志和(　　)。

A.清华大学　　B.天津大学

C.北京大学　　D.东京大学

3.关于新文化运动,下列说法不正确的是(　　)。

A.主要阵地是《新青年》杂志和北京大学

B.提倡民主与科学

C.主张“文学革命”,提倡白话文和新式标点符号

D.不反对国粹和旧文学

4.下列所述为袁世凯称帝前的准备活动,其先后顺序是(　　)。

①解散国民党

②强迫国会选举他为正式大总统

③颁布《中华民国约法》,改责任内阁制为总统制

④修改总统任期

A.①②③④　　B.②①④③

C.②①③④　　D.④②③①

5.1917 年初,(　　)就任北京大学校长,主张“思想自由,兼容并包”,延揽陈独秀、胡适等有新思想的学者来校任教。

A.鲁迅　　B.蔡元培

C.钱玄同　　D.李大钊

三、简答题

新文化运动是在什么背景下兴起的？它的主要内容有哪些？它的历史意义是什么？

四、材料题

阅读材料，并按要求回答下列问题。

材料一　中国棉纺厂的纱锭数，从 1913 年的 651 676 支，增长到 1919 年的 1 173 012 支。除了中国资本兴建的新工业设施，日本人也在新建工厂。中国工人阶级增长的比率，高过中国拥有工厂与外资工厂加在一起的总和。在大战期间，被运往国外的"苦力"也有千百万人，他们中的大多数人，特别是在俄国做工的，不久后就受到革命思潮的影响。随着人数的增长，视野的开拓，工人阶级不能不对过去的处境发出挑战。

——摘编自伊斯雷尔·爱泼斯坦《从鸦片战争到解放》

材料二　革命就是解放生产力。然而辛亥革命毕竟是一场不彻底的资产阶级革命，它所产生的对社会生产力的推动作用是有限的，如果没有其他重大因素发挥作用，由革命引发的新一轮发展实业热潮不会持续太久。1914 年至 1920 年，私人产业资本平均年增长率为 10.54%，一些主要行业的增长率更高，面粉业为 22.8%，卷烟业为 36.7%，棉纺织业为 17.4%。

——摘编自章开沅《中国经济史》

（1）根据材料一、二并结合所学知识，概括 1914 年至 1920 年中国民族工业发展的原因。

（2）根据材料一、二并结合所学知识，简析 1914 年至 1920 年中国民族工业发展的特点，并说明近代中国民族工业发展的历史意义。

第九单元

中国共产党成立与新民主主义革命的兴起

单元史实概要

1919 年，中国在巴黎和会上的外交失败，是五四运动的直接导火线。1921 年，中国共产党的诞生，是中华民族发展史上开天辟地的大事变，从此中国革命面貌焕然一新。1924 年，国共合作推动了国民革命运动的发展。国民革命失败后，南京国民政府建立专制统治。中国共产党认识到掌握武装力量的重要性，开辟了农村包围城市、武装夺取政权的革命新道路。长征的胜利，实现了中国共产党和中国革命事业从挫折走向胜利的伟大转折，开启了中国共产党为实现民族独立、人民解放而斗争的新的伟大进军。

通过本单元的学习，学生能够增强爱国意识和以国家兴亡为己任的社会责任感，感悟并传承红军艰苦奋斗、奋发图强的长征精神。

单元目标聚焦

◆课标要求

(1)认识五四运动的历史意义，认识马克思主义在中国的传播与中国共产党成立对中国革命的深远影响。

(2)了解国民革命。

(3)知道南京国民政府的成立及其性质。

(4)认识中国共产党开辟革命新道路的意义。

(5)了解红军长征的史实，感悟长征精神。

◆重点与难点

学习重点：

(1)五四运动的历史意义，马克思主义在中国的传播与中国共产党成立对中国革命的深远影响；

(2) 南京国民政府的成立及其性质；

(3) 中国共产党开辟革命新道路的意义。

学习难点：

(1) 马克思主义在中国的传播与中国共产党成立对中国革命的深远影响；

(2) 中国共产党开辟革命新道路的意义。

第19课 五四运动与中国共产党的成立

知识梳理

五四运动与中国共产党的成立

1917年，俄国十月社会主义革命一声炮响，给中国送来了马克思列宁主义。

1918年，李大钊发表了《庶民的胜利》和《布尔什维主义的胜利》等文章，认为十月革命是广大民众的胜利，是“世界人类全体的新曙光”，断言“将来的环球，必是赤旗的世界”。

1919年1月，第一次世界大战的战胜国在巴黎召开“和平会议”。

1919年5月4日，北京大学、北京高等师范学校等十几所学校的3 000余名学生齐集天安门前，举行了声势浩大的爱国示威游行。

1919年6月3日，北京学生在街头演讲时被北洋军阀政府逮捕178人。上海工人举行罢工声援，中国工人阶级开始以独立的姿态登上政治舞台，成为爱国运动的主力。

1919年，李大钊在《新青年》上发表《我的马克思主义观》，比较全面系统地介绍了马克思主义学说。

1920年3月，李大钊发起成立中国最早的学习和研究马克思主义的团体——马克思学说研究会，吸引了一批进步青年。

1921年7月23日，中国共产党第一次全国代表大会在上海法租界秘密召开。

1922年7月，中国共产党第二次全国代表大会在上海召开。

史实意义

在政治上，五四运动后期，中国工人阶级开始以独立的姿态登上政治舞台。中国共产党成立，中国革命的面貌焕然一新。中国共产党第二次全国代表大会在上海召开，第一次提出了明确的反帝反封建的民主革命纲领。在思想文化上，马克思主义在中国广泛传播及其同工人运动紧密结合。五四运动后，中国的先进分子开始积极研究和宣传马克思主义学说。

巩固练习

一、填空题

1.__________标志着新民主主义革命的伟大开端。

2.五四运动后期,________________成为爱国运动的主力,运动的中心也由北京转移到__________。

3.1919年,《新青年》第六卷第五号被编为"__________"。上面刊载的李大钊的文章《__________》,比较系统地介绍了马克思主义学说。

4.中国共产党第一次全国代表大会确定党的名称为中国共产党,会上决定成立________作为中央的临时领导机构,选举__________为中央局书记。

二、选择题

1.五四运动的蓬勃兴起,使各种群众团体如雨后春笋到处涌现,他们做社会调查,讨论国内外大事,办平民教育,办宣讲团等。这说明五四运动(　　)。

A.改变了中国社会性质　　B.促成了革命统一战线

C.开启了民主革命运动　　D.激发了民众的责任感

2.五四运动时期有一副对联:"共争青岛归还,同看国贼罢黜;欢呼学生复课,庆贺商店开门"。这副对联所反映的五四精神的核心是(　　)。

A.科学　　B.爱国

C.民主　　D.理性

3.1920年5月,陈独秀发表演说:"中国古人说'劳心者治人,劳力者治于人'。现在我们要将这句话倒转过来说,'劳力者治人,劳心者治于人'。"同年9月,他发文主张"用革命的手段建设劳动阶级(即生产阶级)的国家"。这反映出(　　)。

A.工人待遇得到极大改善　　B.民主与科学深入人心

C.工农运动的蓬勃发展　　D.无产阶级登上政治舞台

4.1920年8月,在上海建立中国第一个共产党早期组织的是(　　)。

A.李大钊　　B.陈独秀

C.董必武　　D.毛泽东

5.1921年7月,中国共产党第一次全国代表大会在(　　)秘密召开。

A.武汉　　B.北京

C.上海　　D.长沙

6.中国共产党第一次全国代表大会纲领和中心任务的制定,表明(　　)。

A.中国共产党还未完全认清中国的社会性质和革命性质

B.中国共产党在近代史上首次提出武装斗争

C.近代中国第一个革命政党建立起来了

D.反帝反封建的新民主主义革命开始了

三、简答题

1.概括五四运动爆发的直接原因,并结合所学知识说明五四运动的历史意义。

2.简述中国共产党成立的历史条件。

四、材料题

阅读材料,并按要求回答下列问题。

材料一 表19-1所示为20世纪早期中国三次大规模反帝爱国运动的相关情况。

表19-1 20世纪早期中国三次大规模反帝爱国运动的相关情况

相关情况	爱国运动名称		
	1915年,反"二十一条"运动	1919年,五四运动	1925年,五卅运动
组织领导	自发性,没有政党参与,组织化程度低	自发性,没有政党参与,具有一定的组织性	中国共产党组织领导,国民党协助,组织化程度高
参与群体	城市士绅、商人为主	青年学生为主,商人、工人声援参与	学生、商人、工人共同参与,难分主次
基本形式	集会通电、抵制日货、救国储金	集会通电、示威游行、抵制日货、罢课、罢市、罢工	集会通电、示威游行、抵制外货、罢课、罢市、罢工
中心口号	"救国""勿忘国耻"	"外争主权、内除国贼"	"打倒帝国主义""废除不平等条约"
运动规模	波及全国30多个省会城市和商埠	波及全国200多个大中城市	波及全国约600个城镇

——摘编自王奇生《1915—1925年中国民族主义运动之演进》

材料二 搞无产阶级革命运动有“四种利器”：党、工团、合作社、苏维埃。而这“四种利器”中“先要组织党——共产党。因为他是革命运动的发动者、宣传者、先锋队、作战部，以中国现在的情形看来，须先组织他，然后工团、合作社，才能发生有力的组织。革命运动、劳动运动，才有神经中枢”。

——摘编自蔡和森致毛泽东的信

(1)结合上述材料和所学知识，简述组织领导与反帝爱国运动之间的关系。

(2)结合上述材料和所学知识，分析三次反帝爱国运动规模不断扩大的原因。

第20课　国民革命与南京国民政府的统治

知识梳理

国民革命与南京国民政府的统治

1923年，京汉铁路工人大罢工将第一次全国工人运动推向了高潮，但遭到军阀和帝国主义的残酷镇压。

1923年6月，中国共产党第三次全国代表大会在广州召开，决定同孙中山领导的国民党合作，建立革命统一战线。

1924年1月，中国国民党第一次全国代表大会在广州召开，孙中山重新解释了三民主义，事实上确立了联俄、联共、扶助农工三大政策。

1924年5月，孙中山在广州黄埔创办陆军军官学校，也称“黄埔军校”。

1925年3月12日，孙中山逝世后，国民党右派的反共分裂活动日益猖獗。随着革命高潮的到来，统一战线内部的矛盾日益加剧。

1925年7月，国民政府在广州成立，随后组建国民革命军。

1926年7月，国民革命军10万人誓师北伐。

1927年4月12日，蒋介石在上海发动四一二反革命政变，大肆屠杀共产党员和革命群众。

1927年7月15日，汪精卫在武汉宣布“分共”，同共产党决裂，对共产党员和革命群众实行大逮捕、大屠杀。至此，以国共合作为基础的国民革命失败。

1927年秋，经过一段时间的相互争斗，蒋介石集团和汪精卫集团达成妥协，南京国民政府与武汉国民政府合并，史称“宁汉合流”。

1928年4月，南京国民政府继续“北伐”，两个月后，奉系军阀张作霖退出北京，在途经皇姑屯时被日军炸死。

史实意义

在政治上，中国国民党第一次全国代表大会的召开标志着第一次国共合作正式形成。北伐战争动摇了北洋军阀的反动统治。在思想文化上，孙中山重新解释了三民主义，事实上确立了联俄、联共、扶助农工三大政策。

巩固练习

一、填空题

1.1925 年 5 月，____________给帝国主义和封建军阀以前所未有的打击，为后来的北伐战争奠定了群众基础。

2.1927 年秋，经过一段时间的相互争斗，蒋介石集团和汪精卫集团达成妥协，南京国民政府与武汉国民政府合并，史称“____________”。

二、选择题

1.1923 年 6 月，中国共产党第三次全国代表大会在广州召开。会议指出，当前中国“资产阶级不能充分发展，因之无产阶级也自然不能充分发展，阶级分化不充分的全国人民，皆受制在资本帝国主义及本国军阀之下，不能不要求经济发展而行向国民革命”。这说明中国共产党(　　)。

A.适应国情调整革命策略　　B.统一认识促进经济发展

C.根据矛盾变化扩大阶级基础　　D.总结经验教训开展武装斗争

2.1924 年，共产党员罗汉、王文明、王大鹏等在海南创办农工职业学校。学校开设栽培、染织、雕刻等课程，同时讲授社会发展史和政治常识，并介绍共产主义和新三民主义。1926 年春，学校增设政治课，并宣传马克思主义理论。由此可知，他们创办该学校的主要目的是(　　)。

A.实业救国，富裕海岛　　B.扶助农工，唤醒民众

C.立农务本，学以致用　　D.普及教育，发达文化

3.毛泽东在《新民主主义论》中指出：“孙中山先生之所以伟大，不但因为他领导了伟大的辛亥革命，而且因为他能够‘适乎世界之潮流，合乎人群之需要’……对三民主义作了新的解释，树立了三大政策的新三民主义。”这里的“三大政策”是指(　　)。

①平均地权　②扶助农工　③联共　④联俄

A.①②③　　B.①②④

C.①③④　　D.②③④

4.北伐战争的主要战场是(　　)。

A.湖南、湖北　　B.广东、广西

C.浙江、上海　　D.山东、山西

5.北伐战争中，为第四军赢得“铁军”称号的是(　　)。

A.叶挺独立团　　B.贺龙的部队

C.朱德的部队　　D.彭德怀的部队

6.随着北伐的胜利进军，中国形成了历史上空前广大的人民解放运动。以下属于这一运动的表现的是(　　)。

①上海工人第三次武装起义　　②湖南、湖北、江西三省农民运动蓬勃发展

③占领汉口、九江　　④冯玉祥率国民军联军会师西安

A.①②③　　B.②③④

C.①③④　　D.①②④

7.1927年,蒋介石、汪精卫等国民党右派叛变革命,第一次国共合作全面破裂,国民革命失败。这里所说的“失败”主要是指(　　)。

A.共产党内右倾机会主义占了上风　　B.反帝反封建的革命任务没有完成

C.蒋介石、汪精卫篡夺了革命领导权　　D.工农运动转入低潮

8.南京国民政府成立于(　　)。

A.1927年4月　　B.1927年7月

C.1928年4月　　D.1928年7月

9.1928年12月底,张学良宣布东北“服从国民政府,改旗易帜”,这标志着(　　)。

A.国民政府在形式上暂时统一了全国　　B.北伐战争取得了最终胜利

C.国共合作的统一战线正式建立　　D.蒋介石的独裁统治正式确立

三、简答题

简述南京国民政府发动的“北伐”与国民革命时期的“北伐”的不同。

四、材料题

阅读材料,并按要求回答下列问题。

材料一　北伐出师时,广东工农群众首先掀起支前运动,随军出征,北伐每攻破一个地方,当地的民众都组织起来,加入后续战争,这让北伐军的势力逐渐壮大,不到半年,便由珠江流域推进到长江流域。

——根据网络资料整理

材料二　北伐战争开始后,中共积极发动广大工农群众支援北伐战争。特别是省港罢工工人,他们照东征和南征一样,组织运输队、宣传队、卫生队,随师北伐,为北伐军首战湖南提供了强大的后援。北伐军进入湖南后,受到工农群众的热烈欢迎,长江、平江、湘潭、醴陵等地都成立了人民反吴战争委员会,组织了宣传队、运输队、向导队、侦探队、破路队、敢死队等,展开了大规模的支前参战运动。汉阳兵工厂的工人举行总罢工,断绝了敌人的军火来源。北伐军进入江西时,在安源工人协助北伐军未费一兵一弹占领萍乡,北伐军在新余激战时,1 000多名农民临时结合成军,用土枪土炮痛击敌人后方,不约而收前后夹攻之效,终于使北伐军转危为安,先败后胜。

——摘编自李德成、魏秋香《再论中共在北伐战争中的领导作用》

(1)材料一表明了(　　)。

A.人民群众助推革命发展　　B.北伐军将士的英勇善战

C.北伐是国共合作的产物　　D.工农革命运动蓬勃发展

(2)以下表述是从材料二中得出的,请在答题卡对应题号后的括号内填"√";违背了材料二所表述的意思,请在答题卡对应题号后的括号内填"×";材料二没有涉及的,请在答题卡对应题号后的括号内填"○"。

①上海工人先后发动三次武装起义,迎接北伐军进入上海。(　　)

②中共领导下的工农群众的积极支援,是北伐战争节节胜利的重要原因。(　　)

③在新余激战时,北伐军能够转危为安的原因是武器领先于对手。(　　)

(3)结合材料二归纳工农群众支援北伐战争的方式。

第21课 中国共产党开辟革命新道路

知识梳理

中国共产党开辟革命新道路

国民革命失败后，中国革命进入低潮。

1927年8月1日，在以周恩来为书记的中共中央前敌委员会的领导下，贺龙、叶挺、朱德、刘伯承等率领两万多人的军队在南昌打响了武装反抗国民党反动派的第一枪，占领了南昌城。

1927年8月7日，中共中央在湖北汉口召开紧急会议，会议纠正了以陈独秀为首的中央所犯的右倾机会主义错误，确定了土地革命和武装反抗国民党反动派的总方针。

1927年9月，毛泽东组织领导了湘赣边界秋收起义。

1928年4月，朱德、陈毅率领部队到达井冈山，与毛泽东领导的部队会师，成立工农革命军第四军，朱德任军长，毛泽东任党代表和军委书记。

1929年底，红军第四军党的第九次代表大会在福建上杭古田村召开。

1931年11月，中华苏维埃第一次全国代表大会在江西瑞金召开，选举产生中华苏维埃共和国中央执行委员会，宣布成立中华苏维埃共和国临时中央政府，毛泽东当选为中央执行委员会主席。

1934年10月，由于第五次反“围剿”失败，中央红军被迫实行战略转移，开始长征。

1935年1月，红军攻克遵义，中共中央在此召开政治局扩大会议。

1936年10月，红军三大主力在甘肃会宁、隆德将台堡会师，长征胜利结束。

史实意义

在政治上，八七会议确定了土地革命和武装反抗国民党反动派的总方针。1927年10月，在井冈山建立工农革命政权。1931年11月，中华苏维埃第一次全体代表大会召开，宣布成立中华苏维埃共和国临时中央政府。遵义会议开始形成以毛泽东为核心的第一代中央领导集体。在经济上，在各农村革命根据地逐步开展土地革命，打土豪、分田地、废除封建土地所有制。在军事上，三湾改编成为建设无产阶级领导的新型人民军队的重要开端。创建井冈山革命根据地，点燃了工农武装割据的星星之火。井冈山会师，成立工农革命军第四军。

巩固练习

一、填空题

1.1927 年 8 月 7 日，中共中央在湖北汉口召开紧急会议，即“________________”，确定了____________和____________的总方针。

2.1928 年 4 月，朱德，陈毅率领军队到达____________，与____________领导的部队会师，成立____________。

3.遵义会议后，中央红军在毛泽东等指挥下，迂回穿插，四渡__________，南渡________，佯攻__________，巧渡__________，由此，中央红军终于摆脱几十万国民党军队的围追堵截。

4.1936 年 10 月，红军三大主力在甘肃会宁、隆德将台堡胜利会师，宣告____________胜利结束。

二、选择题

1.打响武装反抗国民党反动统治第一枪的事件是(　　)。

A.五四运动　　B.秋收起义

C.北伐战争　　D.南昌起义

2.毛泽东提出“政权是由枪杆子中取得的”的著名论断的会议是(　　)。

A.宁都会议　　B.古田会议

C.八七会议　　D.中共三大

3.1927 年，毛泽东率领起义部队创建的第一个农村革命根据地是(　　)。

A.井冈山革命根据地　　B.湘赣革命根据地

C.中央革命根据地　　D.闽浙赣革命根据地

4.中共中央率领中央红军 8 万余人突围西进，开始长征的时间是(　　)。

A.1930 年　　B.1932 年

C.1933 年　　D.1934 年

5.开始形成以毛泽东为核心的第一代中央领导集体，开启了党独立自主解决中国革命实际问题新阶段的会议是(　　)。

A.遵义会议　　B.中共四大

C.中华苏维埃第一次全国代表大会　　D.八七会议

6.遵义会议后，中央红军面临的最直接、最迫切的任务是(　　)。

A.根除“左”倾错误　　B.北上抗日

C.摆脱几十万国民党军队的围追堵截　　D.战胜恶劣的自然环境

7.使中国革命转危为安的关键是(　　)。

A.长征的胜利　　B.井冈山会师

C.遵义会议的召开　　D.西安事变

三、简答题

简述遵义会议的背景、主要内容和意义。

四、材料题

阅读材料,并按要求回答下列问题。

长征的胜利,是中国共产党人理想的胜利,是中国共产党人信念的胜利。在风雨如磐的长征路上,崇高的理想,坚定的信念,激励和指引着红军一路向前。在红一方面军二万五千里的征途上,平均每300米就有一名红军战士牺牲。长征这条红飘带,是用无数红军的鲜血染成的。艰难可以摧残人的肉体,死亡可以夺走人的生命,但没有任何力量能够动摇中国共产党人的理想信念。

从湘江战役到四渡赤水,到强渡大渡河,到突破腊子口……纵观长征中的系列战斗历程,无不体现了红军将士英勇战斗、敢打敢冲、顽强拼搏、不怕牺牲、前仆后继、忘我献身的大无畏革命精神。在飞夺泸定桥的战斗打响之前,指战员纷纷请战,掀起了"争当突击手,飞夺泸定桥"的请战热潮。杨成武将军回忆当年的场景:"二连连长廖大珠唰地站了起来,说:'一连过乌江立了功,成了渡江模范连,我们要向一连学习,争取当夺取泸定桥的英雄连……''夺桥任务非给我们三连不可!'三连连长王友才没等廖大珠说完,也霍地站了起来……"正是红军战士不畏艰难、不怕牺牲的精神,激励着红军战士前赴后继。

中国共产党成立后就成为共产国际的一个支部,在重大路线方针问题上,必须执行共产国际代表大会及执委会的一切决定。这影响了中国共产党独立自主地探索本国的发展道路,导致党内部分领导人将共产国际和苏联经验教条化,照搬照抄,给中国革命带来挫折。由于电台损坏,与共产国际的联系中断,客观上迫使中国共产党自己解决问题。中国共产党召开遵义会议,开始独立自主地批判王明"左"倾教条主义错误。其后的扎西会议通过了《中央关于反对敌人五次"围剿"的总结的决议》和《经验教训决议大纲》,并对领导层的人事做了调整。从此,中国共产党在以毛泽东同志为核心的中央领导集体率领下独立自主、实事求是地探索中国革命的成功之道。

长征途中,红军面临恶劣的自然条件,还有国民党军队的围堵。在这种艰险的境地下,只有顾全大局、严守纪律、紧密团结才能保证长征的胜利。长征之初,红军各路部队自觉以大局为重,坚持局部利益服从整体利益,主动把困难留给自己、把希望留给兄弟部队。在明知留下就意味着九死一生的情况下,陈毅、瞿秋白、何叔衡、陈潭秋等人坚决服从,毫无怨言。在长征期间,党和军队领导人毛泽东、张闻天、周恩来等,都胸怀全局,淡泊名利,甚至主动让贤,以革命大局为重,紧密团结全党全军。

中国共产党一成立,就以"救国救民"旗帜唤醒劳苦大众。正是由于我们党始终坚持全心全意为人民服务，一切为了人民，一切依靠人民，才赢得了广大人民群众衷心的支持和拥护。1935 年 5 月，中央红军渡过金沙江后，一路冲破国民党军队的围追堵截，进入冕宁县境，在彝海边，红军总参谋长兼先遣队司令刘伯承按照彝族传统习俗，与彝族首领小叶丹结为兄弟，并向他们宣传党的民族政策和革命道理。彝海结盟为红军顺利通过彝民区继续北上、最终取得长征胜利创造了条件。

——摘编自王炳林《长征精神的科学内涵》、王相坤《深刻把握长征精神的丰富内涵》

长征精神的内涵有哪些？请结合材料概括说明。

第十单元

中华民族的抗日战争和人民解放战争

单元史实概要

1931年日本发动九一八事变,中国局部抗战由此开始。1936年发生的西安事变的和平解决,促成了全国团结抗战局面的初步形成。1937年卢沟桥事变爆发,全国抗战开始,国共实现第二次合作,建立起抗日民族统一战线。正面战场和敌后战场相互配合,有力打击了日本侵略者。中国共产党在极端困难的条件下坚持抗战,成为全民族抗战的中流砥柱。中国战场是世界反法西斯战争的东方主战场。1945年9月,日本正式签署投降书,历时14年的抗日战争获得胜利。抗战胜利后,国民党坚持独裁统治,发动全面内战。中国共产党领导人民解放战争,在解放区进行土地改革。人民解放军实施战略反攻后,赢得战略决战的胜利,国民党统治全面崩溃。

通过本单元的学习,学生能够坚定民族自尊心、自信心,增强政治责任感和历史使命感,养成英勇顽强、永不放弃的精神。

单元目标聚焦

◆课标要求

(1)知道九一八事变、卢沟桥事变和侵华日军的主要罪行。

(2)了解中国人民14年抗战的基本史实,认识全民族团结一致、抵抗侵略的重要意义,理解中国共产党是全民族团结抗战的中流砥柱。

(3)认识中国战场是世界反法西斯战争的东方主战场,理解抗日战争胜利在中华民族复兴中的历史意义。

(4)了解全面内战的爆发与人民解放战争的进程。

(5)分析国民党政权在大陆统治灭亡的原因,探讨中国共产党领导人民取得新民主主义革命胜利的原因和意义。

◆重点与难点

学习重点：

(1)全民族团结一致、抵抗侵略的重要意义，中国共产党是全民族团结抗战的中流砥柱；

(2)中国战场是世界反法西斯战争的东方主战场，抗日战争胜利在中华民族复兴中的历史意义；

(3)国民党政权在大陆统治灭亡的原因，中国共产党领导人民取得新民主主义革命胜利的原因和意义。

学习难点：

(1)抗日战争胜利在中华民族复兴中的历史意义；

(2)国民党政权在大陆统治灭亡的原因，中国共产党领导人民取得新民主主义革命胜利的原因和意义。

第22课 从局部抗战到全国抗战

知识梳理

从局部抗战到全国抗战

1927年，日本首相田中义一主持召开“东方会议”，企图把“满蒙”从中国本土分裂出来，自成一区，置于日本势力之下。

1929年秋，世界性经济危机爆发，日本也出现了严重的经济、政治危机。

1931年9月18日夜，日本制造了九一八事变，驻扎沈阳的东北军对日寇的侵略未予抵抗。

1932年1月28日，日军又在上海挑起侵略战争，制造了一·二八事变。

1935年8月，中共驻共产国际代表团草拟《中国苏维埃政府、中国共产党中央为抗日救国告全体同胞书》，即“八一宣言”，号召“停止内战，一致抗日”。年底，中共中央在瓦窑堡召开会议，确定了建立抗日民族统一战线的方针。

1935年12月9日，北平学生进行了大规模游行示威，即一二·九运动。

1936年，在中国共产党的领导下，东北人民革命军整编为东北抗日联军，有力打击了日本在东北的殖民统治，促进了全国抗日救亡运动的高涨。

1937年7月7日，爆发卢沟桥事变，又称七七事变。这是中国全国抗战的开始。

1937年12月，南京被日军攻陷。

1940年3月，在日本扶植下，汪精卫在南京成立伪国民政府，并签订一系列卖国协定。

史实意义

在政治上，九一八事变标志着长达 14 年的中国抗日战争的开始，中国人民不屈不挠的局部抗战揭开了世界反法西斯战争的序幕。东北抗日联军的成立和斗争有力打击了日本在东北的殖民统治，促进了全国抗日救亡运动的高涨。卢沟桥事变是中国全国抗战的开始。1937 年 9 月 22 日，国民党中央通讯社发表《中共中央为公布国共合作宣言》，23 日，蒋介石发表谈话，实际上承认了中国共产党的合法地位，国共第二次合作实现，抗日民族统一战线正式形成。

巩固练习

一、填空题

1.____________的和平解决，扭转了时局，促进了中共中央联蒋抗日方针的实现。从此，十年内战基本结束，____________的局面初步形成。

2.1937 年 12 月，____________被日军攻陷。日军在该攻陷区进行了持续 6 周的烧杀淫掠，制造了惨绝人寰的大屠杀。

二、选择题

1.九一八事变后，东北三省迅速沦陷的主要原因是（　　）。

A.日本侵略军的强大　　B.东北军的不抵抗

C.东北军战斗力低下　　D.国际联盟的不作为

2.中国人民局部抗战开始的标志是（　　）。

A.九一八事变　　B.一·二八事变

C.西安事变　　D.七七事变

3.东北抗日联军的主要领导人之一是（　　）。

A.杨靖宇　　B.赵尚志

C.左权　　D.彭雪枫

4.一·二八事变中，奋起抵抗日军进攻的是（　　）。

A.东北军　　B.八路军

C.国民党第十九路军　　D.新四军

5.西安事变发生的根本原因是（　　）。

A.中日民族矛盾上升为主要矛盾　　B.蒋介石坚持“攘外必先安内”政策

C.全国抗日救亡运动的高涨　　D.张学良、杨虎城对蒋介石的不满

6.西安事变和平解决的意义在于（　　）。

A.国共实现第一次合作

B.抗日民族统一战线正式形成

C.十年内战基本结束，全国团结抗战的局面初步形成

D.中国全民族抗战正式开始

7.抗日民族统一战线正式形成的标志是(　　)。

A.蒋介石发表实际承认共产党合法地位的谈话

B.国民党中央通讯社发表《中共中央为公布国共合作宣言》

C.西安事变的和平解决

D.红军改编为八路军、新四军

8.抗战期间,日本在青岛各级各类学校开设日语课,逼令学生在生活、学习中使用日语且组织名目繁多的日语雄辩会、日语作文比赛等活动。与此同时,他们极力压缩汉语和中国历史、地理学科的课时,其他中小学课程也经常被日语课挤占。这表明日本意在(　　)。

A.实行文化殖民　　B.消除中日隔阂

C.促进文化交流　　D.推行社会教育

9.下列关于局部抗战和全国抗战的表述,不正确的是(　　)。

A.局部抗战和全国抗战都是抗击日本侵略的斗争

B.局部抗战为全国抗战奠定了基础

C.全国抗战是在局部抗战的基础上发展起来的

D.局部抗战和全国抗战是相互独立的两个阶段

10.国民革命军第129师师长刘伯承在战士不情愿更换军装和军帽时说:“这帽徽是白的,可我们的心永远是红的！同志们,为了救中国,暂时和红军帽告别吧!”他这样说的主要目的是(　　)。

A.倡导国共合作,进行国民大革命

B.争取抗战局面,保障工农割据

C.促成统一战线,确保民族大解放

D.正面战场抗战,彻底消灭日军

三、简答题

简述九一八事变的经过和影响。

四、材料题

阅读材料，并按要求回答下列问题。

材料一 九一八事变后，东北军奉行蒋介石的不抵抗政策，致使东北三省迅速沦陷。全国人民强烈要求停止内战，一致抗日。东北人民和未撤走的东北军部队，组织起抗日游击队和义勇队，抵抗日军的侵略。中国共产党派杨靖宇等在东北组织游击队，开展抗日游击战争。

——根据网络资料整理

材料二 西安事变发生后，中国共产党从全民族的利益出发，主张和平解决，联蒋抗日，派周恩来等前往西安调停。经过中国共产党和各方面的努力，蒋介石被迫接受停止内战、联共抗日的主张。西安事变得到和平解决。

——根据网络资料整理

材料三 七七事变后，国共两党实现第二次合作，正式建立抗日民族统一战线，全民族抗战的局面开始形成。中国军队在正面战场和敌后战场英勇抗击日军，为抗战的胜利作出了巨大贡献。

——根据网络资料整理

(1)根据材料一，指出东北人民和东北军部队进行抗日斗争的主要方式。

(2)根据材料二，西安事变和平解决的意义是什么？

(3)根据材料三，概括抗日民族统一战线形成的过程及意义。

第23课 全民族抗战与抗日战争的胜利

知识梳理

全民族抗战与抗日战争的胜利

1937年8月13日，日军进攻上海，八一三事变爆发。中国军队奋起反击，淞沪会战开始。

1937年9月，为阻止日军逼近山西太原，八路军第一一五师在平型关一带伏击日军，首战告捷，歼灭日军1 000余人。

1938年3月下旬至4月上旬，中国军队在台儿庄地区围歼日军1万余人。台儿庄大捷，是抗战以来中国军队在正面战场取得的最大胜利。

1938年6月中旬，武汉会战开始。

1940年下半年，八路军发动了一次大规模的以破袭日军华北交通线为主要目标的进攻作战。八路军参战部队达到105个团，20余万人，称为“百团大战”。

1941年12月，第三次长沙会战爆发。

1942年1月1日，以美、英、苏、中四国为首的26个参加对德、意、日轴心国作战的同盟国家，在华盛顿签署《联合国家宣言》，标志着世界反法西斯统一战线正式形成。

1943年11月，中、美、英三国首脑在埃及开罗举行会议，通过《开罗宣言》。

1943至1944年，世界反法西斯战争形势发生了根本性的变化，德、日法西斯分别在苏德战场和太平洋战场丧失战略主动权。

1945年4月至6月，中国共产党第七次全国代表大会在延安召开。

1945年10月25日，国民政府代表在台北庄严宣布台湾光复，台湾重新回到祖国怀抱。

史实意义

在政治上，百团大战粉碎了日军的“囚笼政策”。敌后战场逐渐成为全国抗战的主战场。《开罗宣言》为中国领土完整提供了国际法依据，明确了中国在战后收复失地的合法权益。中国共产党第七次全国代表大会为迎接抗日战争的胜利和新民主主义革命在全国的胜利，奠定了政治上、思想上和组织上的基础。在思想文化上，抗战时期，毛泽东发表《论持久战》。1945年，毛泽东思想被确立为党的指导思想。全党在马克思列宁主义、毛泽东思想的基础上达到了空前的团结和统一。

巩固练习

一、填空题

1.________是抗战以来中国军队在正面战场取得的最大胜利。

2.1938 年,毛泽东在延安发表了《________》的演讲,分析抗战开始以来的战争形势,科学提出了中国必须通过持久抗战,才能夺取对日作战最后胜利的战略理论。

3.1940 年下半年,八路军发动了一次大规模的以破袭日军华北交通线为主要目标的进攻作战,参战部队达 105 个团。这场战役被称为“________”。

4.1945 年 4 月至 6 月,中国共产党第七次全国代表大会在________召开。毛泽东向大会提交《________》书面政治报告,并作口头报告。

5.中共七大将________确立为党的指导思想,选举产生以________为首的中央委员会。

6.中国战场是________的东方主战场。

二、选择题

1.毛泽东发表《论持久战》的主要目的是(　　)。

A.指明抗战的正确道路　　B.总结抗战的经验

C.驳斥亡国论和速胜论　　D.动员全民族一切力量抗战

2.1941 年,英美盟军在太平洋战场接连败退,(　　)的胜利,在国内外产生了积极影响。

A.平型关大捷　　B.第三次长沙会战

C.台儿庄大捷　　D.淞沪会战

3.在抗日战争中,八路军发动了一次大规模的以破袭日军华北交通线为主要目标的进攻战役是(　　)。

A.平型关大捷　　B.台儿庄战役

C.百团大战　　D.淞沪会战

4.抗战初期,国共两党两个战场的相同之处是(　　)。

A.采取了相同的抗战路线　　B.都进行了积极的抗战

C.都积极动员民众抗战　　D.都建立了抗日民主政权

5.抗日战争取得胜利的最主要原因在于(　　)。

A. 美国向日本投掷原子弹　　B. 苏军出兵中国东北

C. 国共两党合作,实现全民族抗战　　D. 爱国华侨的援助

6.据刘澜涛《晋察冀边区的群众工作》1945 年 1 月的统计,晋察冀根据地有 1 600 万人,其中约 300 万人参加到中共领导下的群众团体,如农会、工会、妇救会、青救会、童子军、抗敌后援会等组织中,占总人口的五分之一有余。这表明(　　)。

A.统一战线政策得到人民拥护　　B.中共重视根据地的基层组织建设

C.根据地人民生产积极性得到提高　　D.中共是抗日战争的中流砥柱

7.为争取抗日战争的胜利和实现中国的光明前途准备了条件的会议是(　　)。

A.中共一大　　B.遵义会议

C.中共七大　　D.中共八大

8.原国民政府战区司令长官薛岳的秘书在回忆录中写道:民国二十九年,住在延安窑洞里的毛泽东、朱德,最让人佩服之处,是他们的政治远见,他们知道在需要的时候打一场合适的仗,依我看,这一仗的政治意义远远大于它的军事意义。“这一仗”(　　)。

A.坚定了全民族抗战的信心　　B.推动了抗战进入相持阶段

C.取得了正面战场的最大胜利　　D.粉碎了日军速亡中国的企图

9.抗战以来,中国军队在正面战场取得的最大胜利是(　　)。

A.台儿庄大捷　　B.平型关大捷

C.百团大战　　D.武汉会战

10.日本宣布无条件投降的时间是(　　)。

A.1945 年 8 月 15 日　　B.1945 年 9 月 2 日

C.1945 年 9 月 9 日　　D.1945 年 10 月 25 日

三、简答题

简述中国抗日战争胜利的原因。

四、材料题

阅读材料,并按要求回答下列问题。

材料一　争取抗战胜利的中心关键,在于使已经发动的抗战发展为全面的全民族的抗战。只有这种全面的全民族抗战,才能使抗战得到最后的胜利。

——《中共中央关于目前形势与党的任务的决定》

材料二　帝国所以向美英两国宣战,实亦为……东亚之安定而出此,……然自交战以来,……而战局并未好转,世界大势亦不利于我。加之,敌方最近使用残酷之炸弹,频杀无辜,惨害所及,真未可逆料。……此朕所以饬帝国政府接受联合公告者也。

——《日本天皇停战诏书》

材料三　在庆祝第二次世界大战胜利六十周年之际,英国《卫报》发表评论说:“如果不是中国牺牲二千万人的代价，在亚洲战场拖住日本军队，日本军队如果侵占控制了中国后，就会转而进攻苏联后方，或者进一步进入太平洋地区，否则历史将会重写。”

——根据网络资料整理

（1）结合所学知识，试从抗日战争中政治、军事两个方面论证材料一的观点。

（2）驳斥材料二中日本对美英两国宣战的理由。

（3）依据材料一、二，分析中国抗日战争胜利的主要原因和次要原因。

（4）根据材料三及所学知识，谈谈你对中国抗日战争在世界反法西斯战争中的地位和作用的认识。

第24课 人民解放战争

知识梳理

人民解放战争

抗日战争胜利以后,和平建国是中国人民的强烈愿望。

国民党迫于国内外要求和平、反对内战的舆论压力,采取了"假和平、真内战"的策略。1945年8月,蒋介石三次电邀毛泽东到重庆举行和平谈判。

1945年10月10日,双方代表周恩来、王世杰等人正式签署了《政府与中共代表会谈纪要》,即"双十协定"。

1946年6月,国民党军队以围攻中原解放区为起点,向解放区展开大规模的进攻,全面内战爆发。

1946年7月至1947年2月,人民解放军共歼敌70.8万人,收复城市135座,粉碎了国民党军队的全面进攻。

1947年夏,在刘少奇主持下,中共中央工作委员会在河北平山西柏坡村召开全国土地会议,制定《中国土地法大纲》。

1948年秋,人民解放战争进入夺取全国胜利的决定性阶段。

1949年春,中共中央在西柏坡召开七届二中全会。

1949年4月23日,解放国民党统治中心南京,宣告延续22年的国民党反动统治覆灭。

史实意义

在政治上,召开七届二中全会,会议指出党的工作重心必须由乡村转移到城市,提出了革命胜利后党在各方面的基本政策,中国共产党带领全国人民赢得了新民主主义革命的胜利。在经济上,中国共产党实行土地改革,公布实施《中国土地法大纲》,解放区的土地改革促进了农业生产,为夺取全国胜利提供了源源不断的人力、物力支持。在思想文化上,中国革命具体实践与马克思主义普遍原理相结合。

巩固练习

一、填空题

1.抗日战争胜利后,国民党迫于国内外要求和平、反对内战的舆论压力,采取了“______、________”的策略。

2.1946 年 11 月至 12 月,由国民党包办的“国民大会”在南京召开。会议通过的《________________》,不过是国民党一党专政和蒋介石独裁的装饰品。

3.1947 年,中共中央制定《________》。大纲规定:没收地主土地,废除封建性及半封建性的剥削的土地制度,实行________,按照农村人口平均分配土地。

4.1947 年 6 月,________、________率领晋冀鲁豫野战军主力 12 万人,一举突破黄河天险,千里跃进________,揭开战略进攻的序幕。

5.1948 年秋,人民解放战争进入夺取全国胜利的决定性阶段,连续发动了________、________和________三大战役。

6.1949 年 4 月 21 日,________和________发布向全国进军的命令。23 日,解放国民党统治中心________,宣告延续 22 年的国民党反动统治覆灭。

二、选择题

1.1946 年,国民党军队全力围攻(　　),标志着全面内战的爆发。

A.陕北解放区　　B.山东解放区

C.中原解放区　　D.东北解放区

2.人民解放军由战略防御转入战略进攻的标志是(　　)。

A.刘邓大军挺进大别山　　B.辽沈战役

C.淮海战役　　D.平津战役

3.下列战役中,解放了长江中下游以北广大地区的是(　　)。

A.辽沈战役　　B.淮海战役

C.平津战役　　D.渡江战役

4.国民党政权垮台的标志是(　　)。

A.南京解放　　B.北平解放

C.上海解放　　D.重庆解放

5.1947 年夏,中共中央工作委员会召开全国土地会议,制定了(　　)。

A.《兴国土地法》　　B.《井冈山土地法》

C.《中国土地法大纲》　　D.《土地改革法》

6.基本摧毁了国民党的主要军事力量,为中国革命在全国的胜利奠定了基础的战役是(　　)。

A.辽沈战役　　B.淮海战役

C.平津战役　　D.辽沈、淮海、平津三大战役

7.毛泽东在《七律·人民解放军占领南京》中写道“钟山风雨起苍黄,百万雄师过大江。”其中“百万雄师过大江”指的是(　　)。

A.刘邓大军挺进大别山　　B.淮海战役

C.平津战役　　D.渡江战役

8.1947年,中共将“地主减租减息,农民交租交息”的土地政策变为“没收地主土地”“实行耕者有其田”的政策,其主要原因是(　　)。

A.抗战胜利后,不再需要与地主合作

B.广大农民迫切希望获得土地

C.为解放战争胜利提供可靠保证

D.中国社会主要矛盾发生了变化

9.1948年9月至1949年1月,人民解放军发动的三大战役不包括(　　)。

A.辽沈战役　　B.淮海战役

C.平津战役　　D.渡江战役

10.1947年毛泽东对当时的形势作了生动的比喻:蒋介石把他的主要兵力集中于陕北、山东,搞“重点进攻”,好比两个拳头一张,胸膛就露出来了。……我们就攻其薄弱部分,从中央突破,像一把尖刀,插入敌人胸膛。为此中共制定的战略部署是(　　)。

A.进攻中原解放区　　B.大举进攻陕甘宁解放区

C.刘邓大军挺进大别山　　D.战略大决战

三、简答题

关于《中国土地法大纲》请回答:

(1)它是哪一年、哪次会议上制定的?

(2)其主要内容是什么?

(3)根据《中国土地法大纲》的政策,解放区开展了什么运动?有何意义?

四、材料题

阅读材料，并按要求回答下列问题。

材料一 土地革命战争时期，中国共产党在各农村革命根据地实行土地制度的彻底改革，没收地主土地分给无地少地的农民。这项政策的实施，对于革命根据地的巩固和革命战争的推进，起了决定性作用。但在日本侵略者步步进逼、中日民族矛盾逐渐上升为主要矛盾的形势下，为了促成抗日民族统一战线的建立，中国共产党提出了“停止没收地主土地”之政策，开始了党的土地政策的重大转变。

——摘编自柳礼泉《抗战时期党的土地政策研究》

材料二 1947 年《中国土地法大纲》颁布后，各解放区普遍深入展开斗争恶霸地主和没收、分配地主的土地。至 1948 年底，大约有 1.5 亿人口地区完成土改任务，使得 1 亿个无地少地的农民获得了土地。这一胜利，大大激发了农民革命和生产积极性，巩固了人民民主政权，鼓舞了解放军指导员的士气。

——摘编自王桧林《中国现代史（第 4 版）上 1919-1949》

(1) 根据材料一，指出中共土地政策从土地革命时期到抗战时期的变化，并结合所学知识分析这种变化出现的主要原因。

(2) 根据材料二并结合所学知识，简析解放战争时期土地改革的意义。

第十一单元

中华人民共和国的成立和社会主义建设道路的探索

单元史实概要

1949 至 1978 年，是新中国进行社会主义革命和建设的时期。中国各族人民在中国共产党领导下，建立和巩固了人民民主政权，完成土地制度改革和其他民主改革的任务，取得抗美援朝的胜利，迅速恢复遭到严重破坏的国民经济。经过三大改造和“一五”计划的实施，实现从新民主主义到社会主义的历史性转变，全面确立社会主义基本制度。1956 年后，新中国以苏联的经验教训为鉴戒，探索适合中国国情的社会主义建设道路，在“一穷二白”的基础上建立了独立的比较完整的工业体系和国民经济体系，提高了人民生活水平，积累了宝贵的建设经验。

通过本单元的学习，学生能够感悟中国人民艰苦奋斗、奋发图强的精神风貌，养成不怕挫折、勇敢向前的奋斗精神，学会吸取经验教训，努力成为更优秀的人。

单元目标聚焦

◆课标要求

(1) 认识新中国成立的伟大意义。

(2) 了解新中国巩固人民民主政权的主要举措。

(3) 知道新中国政治制度基本确立的意义。

(4) 认识新中国工业化的起步和社会主义制度基本确立的历史意义。

(5) 认识 20 世纪 50—70 年代探索社会主义建设道路过程中的伟大成就和严重曲折，认识“文化大革命”的错误及教训。

(6) 理解这一时期所取得的一系列成就在新中国历史上所具有的开创性、奠基性意义。

(7) 了解中国人民艰苦奋斗的精神风貌。

(8) 了解毛泽东对中国革命和社会主义建设的贡献，认识毛泽东思想对近现代中国的深远影响。

◆重点与难点

学习重点：

(1)新中国成立的伟大意义；

(2)新中国政治制度基本确立的意义；

(3)20世纪50—70年代探索社会主义建设道路过程中的伟大成就和严重曲折，"文化大革命"的错误及教训；

(4)毛泽东思想对近现代中国的深远影响。

学习难点：

(1)20世纪50—70年代探索社会主义建设道路过程中的伟大成就和严重曲折，"文化大革命"的错误及教训；

(2)毛泽东思想对近现代中国的深远影响。

第25课 中华人民共和国的成立和社会主义制度的建立

知识梳理

中华人民共和国的成立和社会主义制度的建立

1949年9月，中国人民政治协商会议第一届全体会议在北平中南海怀仁堂隆重开幕。会议通过了《中国人民政治协商会议共同纲领》等重要文件。

1949年10月1日，中华人民共和国成立。

1950年6月，中央人民政府颁布《中华人民共和国土地改革法》，规定废除封建土地所有制，实行农民的土地所有制，实现"耕者有其田"。

1950年6月25日，朝鲜内战爆发。

1951年，西藏和平解放，实现了祖国大陆的统一。

1953年，毛泽东提出向社会主义过渡的总路线，即在一个相当长的时期内，采取社会主义工业化和社会主义改造同时并举的方针，在逐步实现国家工业化的同时，逐步实现国家对农业、手工业和资本主义工商业的社会主义改造，简称"一化三改"。

1954年4月，日内瓦会议召开。这是新中国首次以五大国之一的身份参加的重要国际会议。

1955年4月，亚非会议在印度尼西亚万隆举行，这是二战后第一次没有西方殖民国家参加的国际会议。会上，中国提出"求同存异"的方针。

1956年底，我国基本上完成了对农业、手工业和资本主义工商业的社会主义改造，标志着生产资料公有制占绝对优势的社会主义经济制度初步建立。

史实意义

在政治上，中国人民政治协商会议第一届全体会议通过了《中国人民政治协商会议共同纲领》等重要文件。采取抗美援朝、土地改革运动、镇压反革命运动等一系列举措，巩固了人民民主政权。确立人民代表大会制度为我国的根本政治制度，中国共产党领导的多党合作和政治协商制度、民族区域自治制度为基本政治制度，我国社会主义的政治制度体系初步构成。在经济上，进行“银元之战”和“米棉之战”，使不法投机资本一蹶不振，国营经济取得稳定市场的主动权。我国基本完成了对农业、手工业和资本主义工商业的社会主义改造，标志着生产资料公有制占绝对优势的社会主义经济制度初步建立。第一个五年计划提前完成，我国开始改变工业落后的面貌。在外交上，正式倡议将和平共处五项原则作为处理国际关系的准则。我国提出“求同存异”的方针，为进一步发展同亚非各国间的友好合作关系创造了条件。

巩固练习

一、填空题

1.中国人民政治协商会议第一届全体会议通过了《____________________》等重要文件。

2.《中华人民共和国土地改革法》规定，废除__________，实行______________，实现“__________”。

3.中华人民共和国成立后，党和国家的外交方针是“__________”“__________”和“__________”。

4.1953 年 12 月，周恩来在接见印度代表团时，首次提出__________，得到印度方面的赞同，写入两国协定。

5.1955 年 4 月，亚非会议在印度尼西亚万隆举行，中国提出“__________”的方针，推动了会议朝着达成协议的方向前进，为进一步发展同亚非各国间的友好合作关系创造了条件。

二、选择题

1.中华人民共和国成立的标志是(　　)。

A.中国人民政治协商会议第一届全体会议的召开

B.开国大典

C.西藏和平解放

D.土地改革的完成

2.下列选项中，不属于中华人民共和国成立的历史意义的是(　　)。

A.中国发展从此开启了新纪元

B.中国人民从此站起来了

C.标志着中国进入社会主义社会

D.鼓舞了全世界被压迫民族和被压迫人民争取解放的斗争

3.1950 年,中国人民志愿军在司令员(　　)的率领下,开赴朝鲜战场。

A.彭德怀　　B.林彪　　C.刘伯承　　D.贺龙

4.土地改革完成后,我国农村实行的是(　　)。

A.地主土地所有制　　B.封建剥削土地制度

C.农民土地所有制　　D.社会主义土地公有制

5.我国彻底废除几千年封建剥削土地制度的标志是(　　)。

A.中华人民共和国成立　　B.土地改革的完成

C.西藏和平解放　　D.《中华人民共和国土地改革法》的颁布

6.1953—1956 年我国所进行的"三大改造"不包括(　　)。

A. 农业　　B. 手工业

C. 资本主义工商业　　D. 交通运输业

7.第一个五年计划的基本任务是集中主要力量发展(　　)。

A.农业　　B.手工业

C.轻工业　　D.重工业

8.我国第一个五年计划开始于(　　)。

A.1949 年　　B.1953 年

C.1954 年　　D.1956 年

9.1954 年 9 月召开的中华人民共和国第一届全国人民代表大会第一次会议制定了(　　)。

A.《中华民国临时约法》

B.《中华人民共和国宪法》

C.《中国人民政治协商会议共同纲领》

D.《中华人民共和国土地改革法》

10.社会主义经济制度在我国初步建立的标志是(　　)。

A.中华人民共和国的成立　　B.土地改革的完成

C."一五"计划的完成　　D.三大改造的基本完成

三、简答题

新中国初期的外交方针是什么?取得了哪些成就?

四、材料题

阅读材料，并按要求回答下列问题。

材料一 首都30万人齐集天安门广场。毛泽东向全世界宣布："中华人民共和国中央人民政府成立了！"紧接着他按动了电钮，升起了新中国的第一面五星红旗，同时，乐队奏起代国歌《义勇军进行曲》，54门礼炮齐鸣28响……

——《历史上的今天》

材料二 中华人民共和国刚成立时，国土尚未完全解放，国民党残余势力蠢蠢欲动，想以大西南为基地复辟；国内各种反动势力也对共和国充满仇恨，想和国民党军配合，在经济上绞杀人民政权；新解放区的广大农民没有土地，在经济上仍然受到地主阶级的剥削；国际上，以美帝国主义为首的"联合国军"打到了中朝边境，战火烧到了鸭绿江边。

1950年，中央人民政府颁布《中华人民共和国土地改革法》，规定废除封建土地所有制，实行农民的土地所有制。同年冬，全国分批进行土地改革，到1952年底，占全国人口一半多的新解放区进行废除封建土地制度的改革。

——根据网络资料整理

(1)材料一描述的是什么事件？请用一句话描述这一事件的意义。

(2)材料一中"首都""五星红旗""代国歌"是在何时何地召开的什么会议上决定的？材料一中的"28响"象征着什么？

(3)中华人民共和国成立初期，党和人民政府面临着很多困难。结合材料二分析，为克服困难，党和政府采取了哪些重大措施，分别起到了什么作用。

第26课 社会主义建设在探索中曲折发展

知识梳理

社会主义建设在探索中曲折发展

1956年9月，中国共产党第八次全国代表大会在北京召开。大会深刻地总结了新民主主义革命胜利和建立社会主义基本制度的经验，号召全党和全国人民团结一切可以团结的力量，为建设伟大社会主义中国而奋斗。

1957年春，顺应政治、经济形势的发展，毛泽东提出了正确处理人民内部矛盾的重要思想，把正确处理人民内部矛盾作为国家政治生活的主题。

1958年，中共中央提出“鼓足干劲、力争上游、多快好省地建设社会主义”的社会主义建设总路线，在全国掀起了“大跃进”和人民公社化运动。

1964年底，三届全国人大一次会议提出建设“四个现代化”的宏伟目标。

1966年春夏，“文化大革命”全面发动起来。

1976年10月6日，中央政治局执行党和人民的意志，毅然粉碎了“四人帮”，结束了“文化大革命”这场灾难。

20世纪70年代，中国外交实现重大突破，打开新局面，迎来新中国成立以来与世界各国建交的又一次高潮。

1971年，中华人民共和国恢复了在联合国的一切合法权利。

1972年，中美两国结束了长期敌对状态，开始走向关系正常化。

史实意义

在政治上，召开中国共产党第八次全国代表大会，明确提出当前国内的主要矛盾，以及党和全国人民当前的主要任务，这是对我国建设社会主义道路的一次成功探索。“文化大革命”，给党、国家和各民族人民带来严重灾难的内乱。在经济上，中共中央提出社会主义建设总路线，开展“大跃进”和人民公社化运动，我国经济出现了严重困难。中共中央对国民经济实行“调整、巩固、充实、提高”的方针，取得了重要成果。三届全国人大一次会议提出建设“四个现代化”的宏伟目标，极大激发了亿万人民建设社会主义国家的积极性。党和国家领导人民全力战胜挫折，进行经济建设，探索适合中国国情的社会主义建设道路取得重要成果。在外交上，恢复在联合国的一切合法权利，中国外交实现重大突破。中日建交，中美关系开始走向正常化，这些外交成就改善了中国的国际环境，拓展了外交活动的舞台。

巩固练习

一、填空题

1.从 1960 年冬开始,中共中央对国民经济实行的八字方针是“调整、________、________、________”。

2.1964 年底,三届全国人大一次会议提出建设“____________”的宏伟目标,成为凝聚和团结全国各族人民不懈奋斗的强大精神力量。

3.__________年,中华人民共和国恢复了在联合国的一切合法权利。

二、选择题

1.1956 年召开的中国共产党第八次全国代表大会是我国建设社会主义道路的一次成功探索。得出这一结论的依据是中共八大(　　)。

A.确立了第一个五年计划的方针

B.认为当前的主要任务是把我国尽快地从落后的农业国变为先进的工业国

C.确定了三大改造的方针政策

D.认为无产阶级和资产阶级之间的矛盾是我国的主要矛盾

2.1958 年,中共中央提出“鼓足干劲、力争上游、多快好省地建设社会主义”的社会主义建设总路线。该路线制定的主要目的是(　　)。

A.尽快完成三大改造

B.完成土地改革的任务

C.迅速建立社会主义制度

D.尽快改变中国贫穷落后的面貌

3.在探索社会主义建设道路过程中,被誉为“铁人”的是(　　)。

A.焦裕禄　　B.邓稼先

C.王进喜　　D.雷锋

4.提出“四个现代化”宏伟目标是在(　　)。

A.1949 年中国人民政治协商会议　　B.1956 年中共八大

C.1962 年七千人大会　　D.1964 年三届全国人大一次会议

5.以下事件发生的先后顺序是(　　)。

①三大改造的基本完成

②“大跃进”运动开始

③人民公社化运动兴起

④中共八大召开

A.①④②③　　B.④①②③　　C.②③①④　　D.③②④①

6.1971 年,中国在联合国的合法席位得以恢复的主要国际因素是(　　)。

A.中美关系趋向缓和　　B.有苏联等社会主义国家的支持

C.广大发展中国家力量的增强　　D.中日关系趋向缓和

7.“大跃进”和人民公社化运动给我们留下的深刻教训不包括（　　）。

A.要以阶级斗争为纲
B.要尊重客观经济规律
C.要坚持可持续发展
D.要实事求是

8.在社会主义建设时期，涌现出了许多英模人物，他们的精神共同体现了（　　）。

A.自力更生、发奋图强
B.立党为公、执政为民
C.与时俱进、改革创新
D.坚持科学、崇尚民主

9.1961年，中共中央提出“调整、巩固、充实、提高”的方针，对国民经济进行调整。八字方针的提出主要是针对（　　）。

A.“文化大革命”的破坏
B.1959至1961年严重的经济困难
C.自然灾害对农业生产的破坏
D.建国初期工业落后

10.20世纪60年代，在社会主义建设中，被誉为“党的好干部”的是（　　）。

A.王进喜
B.焦裕禄
C.雷锋
D.邓稼先

三、简答题

中共八大对当时我国社会主要矛盾的分析是否正确？这次会议对当时中国社会的根本任务作了怎样的规定？

四、材料题

阅读材料，并按要求回答下列问题。

材料一 1958年，几千万人开始大炼钢铁，不仅钢铁厂开足马力，土高炉也遍地开花，到了10月底就达到了几百万座。……1958年夏秋之际，各地纷纷成立人民公社。公社的一切财产统一核算，统一分配；许多地方的社员在公共食堂吃饭，不要钱；社员的自留地、家畜、树木等，都为公社所有。

——根据网络资料整理

材料二 1961年春，党和政府全面调整国民经济，恢复发展生产。经过努力，不久就取得明显成效。

——根据网络资料整理

(1)材料一反映了什么历史事件？事件造成了怎样的严重后果？

(2)结合材料二,分析党和政府调整国民经济的措施起到了什么作用。

(3)从以上材料中,我们应该吸取哪些教训？

第十二单元

改革开放和社会主义现代化建设新时期

单元史实概要

1978年12月召开的中共十一届三中全会,实现了新中国成立以来党的历史上具有深远意义的伟大转折,开启了改革开放和社会主义现代化建设新时期。中共十一届六中全会完成了党在指导思想上的拨乱反正。中共十四大明确了我国经济体制改革的目标是建立社会主义市场经济体制。1997年和1999年香港、澳门回归祖国,中国政府恢复对香港、澳门行使主权。随着改革开放深入开展,我国综合国力不断增强,人民生活水平逐步提高。20世纪末,我国人民生活实现总体小康。2010年,中国国内生产总值位居世界第二。

通过本单元的学习,学生能够树立正确的国家观,增强对祖国的认同感,弘扬爱国主义精神,坚定不移地维护祖国统一,增强建设中国特色社会主义的信心。

单元目标聚焦

◆课标要求

(1)认识真理标准问题讨论和中共十一届三中全会的历史意义。

(2)认识改革开放以来中国在各个领域取得的成就以及综合国力与国际影响力的不断提高。

(3)认识"一国两制"对实现祖国完全统一的重大意义。

(4)认识邓小平理论、"三个代表"重要思想、科学发展观对建设中国特色社会主义的重要指导意义。

◆重点与难点

学习重点:

(1)"一国两制"对实现祖国完全统一的重大意义;

(2)邓小平理论、"三个代表"重要思想、科学发展观对建设中国特色社会主义的重要指导意义。

学习难点：

(1)改革开放以来中国在各个领域取得的成就以及综合国力与国际影响力的不断提高；

(2)邓小平理论、“三个代表”重要思想、科学发展观对建设中国特色社会主义的重要指导意义。

第27课 改革开放与建设中国特色社会主义

知识梳理

改革开放与建设中国特色社会主义

1978年5月，《光明日报》刊登文章《实践是检验真理的唯一标准》，一场关于真理标准问题的讨论在全国展开。

1978年8月，中国同日本签订《中日和平友好条约》。

1978年11月，中共中央在北京召开工作会议，邓小平在闭幕式上作了《解放思想，实事求是，团结一致向前看》的报告，12月，中共十一届三中全会召开。

1979年1月，中美两国正式建交。

1979年，我国制定了《中华人民共和国刑法》《中华人民共和国刑事诉讼法》《中华人民共和国中外合资经营企业法》等一批基本法律。

1981年6月，中共十一届六中全会在北京举行。全会审议并通过《关于建国以来党的若干历史问题的决议》。

1982年1月，邓小平首次提出“一个国家，两种制度”的概念。

1982年9月，中共十二大提出“建设有中国特色的社会主义”重大命题，并就全面开创社会主义现代化建设作出部署。

1987年10月，中共十三大提出社会主义初级阶段的理论和“一个中心，两个基本点”的党的基本路线，制定了“三步走”现代化发展战略。

1989年，中苏两国实现关系正常化，为建立不结盟、不对抗、不针对第三方的新型大国关系，提供了良好基础。

史实意义

在政治上，中共十三大提出社会主义初级阶段的理论。1982 年 1 月，邓小平首次提出“一个国家，两种制度”的概念，为解决台湾问题、香港问题和澳门问题提供了具有创造性的战略构想。中共十一届三中全会以后，我国调整外交政策，陆续与多个国家建交。在思想文化上，强调实践是检验真理的唯一标准，打破了“两个凡是”的思想束缚，是一场深刻而广泛的思想解放运动，成为正本清源、拨乱反正和改革开放的思想先导。

巩固练习

一、填空题

1.中共十一届三中全会召开的时间是__________年。

2.我国经济体制改革首先在__________取得突破。

3.__________实现了新中国成立以来党的历史上具有深远意义的伟大转折，开启了我国改革开放和社会主义现代化建设新时期。

4.由安徽、四川率先开始实行的，以包产到户、包干到户为主要形式的__________在全国各地逐步推广。

5.1985 年，我国把长江三角洲、__________和闽南厦漳泉三角地区开辟为沿海经济开放区，随后又把开放区扩展至辽东半岛、__________及其他沿海地区的一些市县。

二、选择题

1.中共十一届三中全会实现的伟大转折是指(　　)。

A.从“以阶级斗争为纲”转到以经济建设为中心

B.从封闭半封闭到对外开放

C.从计划经济到市场经济

D.从“两个凡是”到实事求是

2.我国经济体制改革首先在(　　)展开。

A.城市　　B.农村

C.沿海地区　　D.内地

3.1980 年 5 月，我国设立的经济特区有(　　)。

①深圳　②珠海　③汕头　④厦门　⑤海南

A.①②③④　　B.①②③⑤

C.①②④⑤　　D.②③④⑤

4.中国设立乡政府作为基层政权是(　　)年。

A.1983　　B.1978

C.1976　　D.1949

5.某学生在历史学习中总结了如下关键词：增强企业活力、政企职责分开、承包经营责任制、多种分配方式。其学习的主题最可能是(　　)。

A.“一五”计划的成就　　B.集中力量发展重工业

C.国有企业的改革　　D.“大跃进”的教训

6.“一国两制”构想最初是为解决(　　)问题而提出的。

A.台湾　　B.香港　　C.澳门　　D.西藏

三、简答题

阐述“一国两制”的基本内容及在实践中的运用。

四、材料题

阅读材料，并按要求回答下列问题。

材料一 当代中国改革开放大事记

1978：中共十一届三中全会作出把工作重点转移到社会主义现代化建设上来和实行改革开放的重大决策。

1979：中共中央、国务院批准广东、福建在对外经济活动中实行“特殊政策、灵活措施”并决定在深圳、珠海、厦门、汕头试办经济特区。

1980：中共中央下发《关于进一步加强和完善农业生产责任制的几个问题》，肯定了包产到户的社会主义性质。

1983：农村家庭联产承包责任制在全国范围内全面推广。

1984：5月，中共中央决定进一步开放大连、秦皇岛等14个港口城市，逐步兴办经济技术开发区。10月，中共十二届三中全会确认我国社会主义经济是公有制基础上的有计划的商品经济。

1985：当年起，相继在长江三角洲、珠江三角洲、闽东南地区和环渤海地区开辟经济开发区。

1987：中共十三大提出社会主义初级阶段理论和“一个中心点、两个基本点”的党的基本路线。

1992：中共十四大正式提出了建立和发展社会主义市场经济体制的改革目标。

2001：12月11日我国正式成为世界贸易组织成员。

——根据网络资料整理

材料二 现在我国经济管理体制的一个严重缺点是权力过于集中，应该有领导地大胆下放；应该着手大力精简各级经济行政机构，把它们的大部分职权转交给企业性的专业公司或联合公司；注意把思想政治工作和经济手段结合起来，充分调动干部和劳动者的生产积极性；应该在党的一元化领导之下，认真解决党政企不分，以党代政，以政代企的现象。

——摘编自《中国共产党第十一届中央委员会第三次全体会议公报》

（1）根据材料一，归纳中国改革开放的主要特点。

（2）根据材料二，指出当时我国经济体制中存在的弊端。结合材料二和所学知识，说明 20 世纪 80 年代的城市经济体制改革是如何解决这些弊端的。

第28课 建立社会主义市场经济体制和中国特色社会主义全面推向21世纪

知识梳理

建立社会主义市场经济体制和中国特色社会主义全面推向21世纪

1992年初，在党和国家历史发展的紧要关头，邓小平视察南方，并发表重要谈话。

1992年10月12日至18日，中国共产党第十四次全国代表大会在北京召开。江泽民作题为《加快改革开放和现代化建设步伐，夺取有中国特色社会主义事业的更大胜利》的报告。

1993年3月，八届全国人大一次会议选举江泽民为中华人民共和国主席。

1994年8月，中央印发《爱国主义教育实施纲要》，把爱国主义教育作为加强精神文明建设的基础性工程来抓。

1997年7月1日，香港回归祖国。

1997年9月12日至18日，中国共产党第十五次全国代表大会在北京召开。江泽民作题为《高举邓小平理论伟大旗帜，把建设有中国特色社会主义事业全面推向二十一世纪》的报告。

1998年3月，九届全国人大一次会议选举江泽民为中华人民共和国主席。

1999年12月20日，澳门回归祖国。

2001年9月，中共中央印发《公民道德建设实施纲要》，把法制建设与道德建设、依法治国与以德治国紧密结合起来，促进物质文明与精神文明协调发展。

2001年10月，中国在上海成功举办亚太经合组织第九次领导人非正式会议，为促进亚太地区经济的恢复和发展产生积极影响。

2001年12月11日，中国正式成为世界贸易组织的第143个成员。

史实意义

在政治上，中共十四大明确了我国经济体制改革的目标是建立社会主义市场经济体制。以邓小平南方谈话和中共十四大为标志，中国改革开放和社会主义现代化建设进入新的发展阶段。中共十五大把邓小平理论作为指引党继续前进的旗帜。香港、澳门回归祖国。在经济上，亚太经合组织第九次领导人非正式会议，对促进亚太地区经济的恢复和发展产生积极影响。

巩固练习

一、填空题

1.以邓小平____________和____________为标志,中国改革开放和社会主义现代化建设进入新的发展阶段。

2.澳门回归祖国的时间是____________年 12 月 20 日。

3.1992 年,邓小平南方谈话的重要意义在于____________。

二、选择题

1.明确我国经济体制改革目标是建立社会主义市场经济体制的会议是(　　)。

A.中共十一届三中全会　　B.中共十二大

C.中共十三大　　D.中共十四大

2.社会主义市场经济体制的基本特征不包括(　　)。

A.坚持公有制的主体地位　　B.以共同富裕为根本目标

C.能够实行强有力的宏观调控　　D.市场在资源配置中起基础性作用

3.邓小平南方谈话的重要意义不包括(　　)。

A.对推动改革开放的深入发展具有重大而深远的意义

B.阐述了社会主义的本质

C.促进了人们思想的解放

D.“一国两制”的提出

4.下列关于中国共产党第十五次全国代表大会的表述正确的是(　　)。

A.首次使用“邓小平理论”这个概念,把这一理论作为指引党继续前进的旗帜

B.提出了党在社会主义初级阶段的基本路线

C.提出了建立社会主义市场经济体制的目标

D.作出了改革开放的伟大决策

5.1992 年邓小平南方谈话,对中国经济体制改革产生的直接影响是(　　)。

A. 建立了现代企业制度

B. 进一步推动国有企业改革

C. 确定了建立社会主义市场经济体制的改革目标

D. 推动农村家庭联产承包责任制的推广

6.中共十五大首次明确提出,我国社会主义初级阶段的一项基本经济制度是(　　)。

A. 公有制为主体、多种所有制经济共同发展

B. 按劳分配为主体、多种分配方式并存

C. 社会主义市场经济体制

D. 国有经济为主导、集体经济为补充

7.我国加入世界贸易组织的时间是(　　)。

A.1999 年　　B.2000 年　　C.2001 年　　D.2002 年

8.香港回归祖国的时间是(　　)。

A.1997 年 7 月 1 日　　B.1998 年 7 月 1 日

C.1999 年 7 月 1 日　　D.2000 年 7 月 1 日

三、简答题

简述邓小平南方谈话的主要内容和意义。

四、材料题

阅读材料,并按要求回答下列问题。

“三大件”承载着一代代中国人的财富梦想,也是人民生活水平提高的体现。

社会主义建设初期“老三件”:自行车、手表和缝纫机。

改革开放初期“新三件”:电视机、电冰箱、洗衣机。

小康和谐社会时期“超级三大件”:住房、汽车、保险。

——根据网络资料整理

(1)“三大件”的变化与我国实行了什么基本经济制度有关?这项制度是在什么时候提出来的?

(2)“三大件”的变化也是我国市场经济繁荣的一个缩影,试简述实行这一基本经济制度的好处。

第29课 全面建设小康社会和坚持发展中国特色社会主义

知识梳理

全面建设小康社会和坚持发展中国特色社会主义

2002年11月8日至14日，中国共产党第十六次全国代表大会在北京召开。江泽民作题为《全面建设小康社会，开创中国特色社会主义事业新局面》的报告。

2003年3月，十届全国人大一次会议选举胡锦涛为中华人民共和国主席。

2005年3月14日，十届全国人大三次会议通过《反分裂国家法》，表明全中国人民维护国家主权和领土完整的共同意志和坚定决心。

2006年10月，中共十六届六中全会提出“扎实促进经济又好又快发展”的新要求，促进区域、城乡协调发展。

2007年10月15日至21日，中国共产党第十七次全国代表大会在北京召开。胡锦涛作题为《高举中国特色社会主义伟大旗帜，为夺取全面建设小康社会新胜利而奋斗》的报告。

2008年3月，十一届全国人大一次会议选举胡锦涛为中华人民共和国主席。

2008年8月至9月，中国成功举办了第29届夏季奥林匹克运动会和第13届夏季残疾人奥林匹克运动会，在奥运历史上留下不可磨灭的中国印记。

2012年，中共十八大把科学发展观正式确立为党的指导思想。

史实意义

在政治上，中共十六大明确了全面建设小康社会的奋斗目标，这是实现现代化建设第三步战略目标必须经过的承上启下的发展阶段，也是完善社会主义市场经济体制和扩大开放的关键阶段。中共十八大把科学发展观正式确立为党的指导思想。在经济上，我国实现了从生产力相对落后的状况到2010年经济总量跃居世界第二的历史性突破，实现了人民生活从温饱不足到总体小康、奔向全面小康的历史性跨越，推进了中华民族从站起来到富起来的伟大飞跃。

巩固练习

一、填空题

1.“三个代表”重要思想的具体内容是中国共产党总是代表着中国先进生产力的发展要求、代表着中国先进文化的前进方向、代表着____________。

2.科学发展观的基本要求是____________。

二、选择题

1.全面建设小康社会的奋斗目标是在中共(　　)上提出的。

A.十五大　　B.十六大

C.十七大　　D.十八大

2.科学发展观的核心是(　　)。

A.发展　　B.以人为本

C.全面协调可持续　　D.统筹兼顾

3.2005 年河北灵寿县清廉村的农民王三妮利用自家办的小型青铜工艺厂,亲手铸造了一个青铜鼎,并撰写了铭文,郑重地记下一件亘古未有的大事。铭文写道:“我是农民的儿子,祖上几代耕织辈辈纳税。今朝告别了田赋,我要代表农民铸鼎刻铭,告知后人,万代歌颂,永世不忘。”该鼎后来被中国农业博物馆收藏。这件亘古未有的大事是(　　)。

A.取消农业税　　B.兴办乡镇企业

C.农业补贴　　D.耕者有其田

4.中共十六大提出,要在 21 世纪头 20 年,集中力量,全面建设惠及十几亿人口的更高水平的小康社会。在这个小康社会里(　　)。

①经济更加发展、民主更加健全

②科教更加进步、文化更加繁荣

③社会更加和谐、人民生活更加殷实

④军事更加强大、国家更加发达

A.①③④　　B.①②③

C.②③④　　D.①②③④

5.教育公平是社会公平的重要基础。改革开放以来,党和国家不断加大教育投入,努力解决教育机会和资源分布不够均衡的问题,积极推进教育公平,最终实现“让所有孩子都能上得起学”的目标。下列选项中,与这一目标相关的举措有(　　)。

①全部免除农村义务教育学杂费

②西部农村实施“两免一补”政策

③城乡义务教育全部免除学杂费

④全面落实“双减”政策

A.①③④　　B.①②④

C.①②③　　D.①②③④

6.科学发展观的基本要求是(　　)。

A.发展　　B.以人为本

C.全面协调可持续　　D.统筹兼顾

7.著名医学杂志《柳叶刀》曾赞扬中国建立起"地球上覆盖面最广的医保项目",并称"世界上没有其他哪个国家能够在5~6年里达到这种成就"。这个医保项目基本覆盖(　　)。

A.全体城乡居民　　B.全体农村居民

C.全体城市居民　　D.西部及边远地区乡民

8.中共十七大对实现全面建设小康社会奋斗目标提出了新要求,其中之一是将十六大提出的经济增长目标,调整为实现(　　)到2020年比2000年翻两番。

A.国内生产总值　　B.国民生产总值

C.第三产业产值　　D.人均国内生产总值

9.2011年,香港地区国内生产总值较回归前的1996年增长54%,澳门地区国内生产总值较2000年翻了两番多,年均增长率达12.5%。香港、澳门地区经济持续繁荣发展的政策性原因在于(　　)。

A.坚持"三个代表"重要思想　　B.坚持"九二共识"

C.坚持"一国两制"方针　　D.坚持走和平发展道路

三、简答题

中共十三届四中全会以后,以江泽民同志为主要代表的中国共产党人,在建设中国特色社会主义的实践中,坚持党的基本理论、基本路线,加深了对什么是社会主义、怎样建设社会主义和建设什么样的党、怎样建设党的认识,积累了治党治国新的宝贵经验,形成了什么重要思想?其主要内容是什么?

四、材料题

阅读材料,并按要求回答下列问题。

材料一　在革命果实被袁世凯窃取后,孙中山先生将主要精力放在民生建设上,精心撰写了《实业计划》,为中国经济现代化描绘了一幅美好蓝图。他雄心勃勃地提出要在十至二十年内,修建十万英里铁路和具有世界水平的三大海港,修建全国公路网,整修运河和内河航道,全面开采煤、铁、石油、有色金属等矿藏,加快钢铁、石油、水泥等行业的发展。农业实现机械化,广泛采用现代农业技术,大力发展粮、棉、油、纺织、日用品、印刷、蚕丝、茶等加工制造业。

——摘编自彭南生《辛亥革命与中华民族的复兴伟业》

材料二　1978年至2017年,我国GDP从1 495亿美元增加到12.3万亿美元,年均增长9.5%;我国经济总量从占全球1.8%提高到占15.3%,稳居世界第二位。现在已形成门类齐全的工业体系,成为全球第一制造业大国,占全球制造业产出的19.8%。220多种主要工农业产品生产能力居世界首位。2017年,高技术制造业和装备制造业增加值占规模以上工业增加值的比重分别为12.7%和32.7%。2017年,第三产业增加值占GDP比重达51.6%,比1978年提高27个百分点。1978年至2017年,我国进出口总额从206亿美元增加到4.11万亿美元,累计吸收外国直接投资1.9万亿美元;2013—2017年,我国对外直接投资总额为6 928.6亿美元,超过前30多年累计的对外直接投资总额。我国外汇储备1978年仅有1.67亿美元,2017年底达到3.14万亿美元。

——摘编自林兆木《改革开放40年成就巨大》

(1)根据材料一并结合所学知识,简析孙中山《实业计划》出台的背景和实践结果。

(2)根据材料二,概括改革开放以来中国经济建设所取得的成就。

第十三单元

中国特色社会主义进入新时代

单元史实概要

中共十八大以来,中国特色社会主义进入新时代。以习近平同志为核心的党中央领导人民为实现中华民族伟大复兴的中国梦踔厉奋发、锐意进取,进行具有许多新的历史特点的伟大斗争。2017 年中共十九大确立习近平新时代中国特色社会主义思想为党的指导思想。党和国家团结带领人民,有效应对严峻复杂的国际形势和接踵而至的巨大风险挑战,攻克了许多长期没有解决的难题,办成了许多事关长远的大事要事,顺利完成"十三五"规划目标任务,取得脱贫攻坚全面胜利,全面建成小康社会。2022 年中共二十大提出新时代新征程中国共产党的使命任务,强调从现在起我们党的中心任务就是团结带领全国各族人民全面建成社会主义现代化强国、实现第二个百年奋斗目标,以中国式现代化全面推进中华民族伟大复兴。

通过本单元的学习,学生能够领悟中国特色社会主义进入新时代的重大意义,增强对祖国的认同感,树立为实现中华民族伟大复兴而奋斗的信心,增强民族团结意识。

单元目标聚焦

◆课标要求

(1)认识中国特色社会主义进入新时代的重大意义,认清我国发展新的历史方位。

(2)认识习近平新时代中国特色社会主义思想是全党全国人民为实现中华民族伟大复兴而奋斗的行动指南。

(3)增强中国特色社会主义道路自信、理论自信、制度自信、文化自信。

◆重点与难点

学习重点:

(1)中国特色社会主义进入新时代的重大意义,我国发展新的历史方位;

(2)习近平新时代中国特色社会主义思想是全党全国人民为实现中华民族伟大复兴而奋斗的行动指南。

学习难点：

(1)我国发展新的历史方位；

(2)习近平新时代中国特色社会主义思想是全党全国人民为实现中华民族伟大复兴而奋斗的行动指南。

第30课 中国特色社会主义新时代和全面建成小康社会(一)

知识梳理

中国特色社会主义新时代和全面建成小康社会(一)

2012年11月8日至14日，中国共产党第十八次全国代表大会在北京召开。胡锦涛作题为《坚定不移沿着中国特色社会主义道路前进，为全面建成小康社会而奋斗》的报告。

2013年3月，十二届全国人大一次会议选举习近平为中华人民共和国主席。

2014年10月，中共十八届四中全会明确提出全面推进依法治国的总目标是建设中国特色社会主义法治体系，建设社会主义法治国家。

2015年10月，中共十八届五中全会明确提出了以人民为中心的发展思想和创新、协调、绿色、开放、共享的发展理念。

2017年10月18日至24日，中国共产党第十九次全国代表大会在北京召开。习近平作题为《决胜全面建成小康社会，夺取新时代中国特色社会主义伟大胜利》的报告。

2018年3月，十三届全国人大一次会议选举习近平为中华人民共和国主席；通过《中华人民共和国宪法修正案》，把习近平新时代中国特色社会主义思想载入宪法。

2020年5月，十三届全国人大三次会议通过《中华人民共和国民法典》，这是新中国历史上第一部法典化的法律。

2021年5月15日，“天问一号”成功着陆火星，“祝融号”火星车成功展开巡视探测，迈出了我国星际探测征程的重要一步，中国成为世界上第二个在火星表面运营火星车的国家。

2022年2月至3月，中国成功举办第24届冬季奥林匹克运动会和第13届冬季残疾人奥林匹克运动会，为世界奥林匹克运动的发展作出历史性贡献。

史实意义

在政治上，中共十八大确定了全面建成小康社会的奋斗目标，对推进中国特色社会主义建设作出全面部署。中共十九大把习近平新时代中国特色社会主义思想确立为党的指导思想，并写入党章。在思想文化上，社会主义核心价值观和社会主义文化广泛弘扬，人民文化自信明显增强，精神面貌更加奋发昂扬。冬奥会和冬残奥会的成功举办，为世界奥林匹克运动的发展作出历史性贡献。

巩固练习

一、填空题

1.中国特色社会主义事业的总体布局是经济建设、政治建设、文化建设、________、生态文明建设“五位一体”。

2.我国实行更加积极主动的开放战略，________成为深受欢迎的国际公共产品和国际合作平台。

3.在全面依法治国的实践中，党中央高度重视宪法在治国理政中的重要地位和作用，明确坚持依法治国首先要坚持________。

4.中共十八大以来，我国坚持实施________，教育水平跃居世界中上行列。

5.实现中华民族伟大复兴的中国梦就是要实现国家富强、民族振兴、________。

二、选择题

1.根据我国经济社会发展实际，确定了全面建成小康社会的目标，对推进中国特色社会主义建设作出全面部署的会议是(　　)。

A.中共十一届三中全会　　B.中共十四大

C.中共十八大　　D.中共十五大

2.新时代我国社会主要矛盾已经转化为(　　)。

A.人民日益增长的物质文化需要同落后的社会生产之间的矛盾

B.人民日益增长的美好生活需要和不平衡不充分的发展之间的矛盾

C.无产阶级与资产阶级之间的矛盾

D.社会主义与资本主义之间的矛盾

3.以下不属于全面建成小康社会在经济方面的成就的是(　　)。

A.国内生产总值突破 100 万亿元　　B.人均国内生产总值超过 1 万美元

C.成为世界第一大经济体　　D.产业结构不断优化

4.2020 年 5 月，十三届全国人大三次会议表决通过了一部法典，成为新中国历史上第一部法典化的法律，是新时代中国特色社会主义制度建设、法治建设的一个重大标志性成果。这部法典是(　　)。

A.《中华人民共和国民法典》

B.《中华人民共和国刑法》

C.《中华人民共和国香港特别行政区维护国家安全法》

D.《中华人民共和国宪法》

5.中共十九大报告明确中国特色社会主义事业总体布局是“五位一体”、战略布局是“四个全面”。其中“四个全面”战略布局不包括(　　)。

A.全面建成小康社会　　B.全面深化改革

C.全面依法治国　　D.全面建设社会主义现代化国家

6.全面建成小康社会,强调的“全面”体现在(　　)。

①覆盖的领域要全面,是“五位一体”全面进步的小康

②覆盖的人口要全面,是惠及全体人民的小康

③覆盖的区域要全面,是城乡区域共同发展的小康

④要实事求是,因地制宜发展

A.①②③　　B.①②④　　C.①③④　　D.②③④

7.中国在 2022 年 2 月至 3 月成功举办了(　　)。

A. 第 24 届夏季奥林匹克运动会

B. 第 13 届夏季残疾人奥林匹克运动会

C. 第 24 届冬季奥林匹克运动会和第 13 届冬季残疾人奥林匹克运动会

D. 第 24 届冬季残疾人奥林匹克运动会和第 13 届冬季奥林匹克运动会

8.中国特色社会主义新时代,我国在外交方面取得了显著成就,以下不属于这一时期外交成果的是(　　)。

A.提出“一带一路”倡议　　B.举办 G20 峰会

C.加入世界贸易组织　　D.推动构建人类命运共同体

9.中共十八大以来,我国加快推进科技自立自强,基础研究和原始创新不断加强,核心技术实现突破。下列选项中,属于这一时期科技突破的是(　　)。

①神舟五号载人飞船发射成功

②“奋斗者号”全海深载人潜水器完成万米海试

③“嫦娥五号”月球探测器完成首次地外天体采样返回任务

④“天问一号”探测器成功着陆火星

A.①②③　　B.①②④　　C.①③④　　D.②③④

10.以下对全面建成小康社会理解正确的是(　　)。

A.是低水平的、不全面的、发展很不平衡的小康

B.是较高水平的、全面的、发展比较平衡的小康

C.是全体人民同步富裕的小康

D.是实现现代化的小康

三、简答题

简述新发展理念提出时间、内涵和意义。

四、材料题

阅读材料，并按要求回答下列问题。

材料一　冷战时期，国际关系的重点是地缘政治，大国以军事实力向外拓展生存空间、划分势力范围、组建军事集团等手段实现其国家利益。无论是雅尔塔体系中美国和苏联在全世界划分势力范围，还是战后组建以各自为主导的北约和华约两大军事组织的对抗，都是地缘政治战略在国际关系中的体现。冷战后和平与发展成为世界主题，国际关系的重点是地缘经济，在地缘经济中构成力量的主导因素是经济、科技、信息、生态环境。在地缘经济的影响下，国际关系发生了重要而深刻的变化。

——摘编自张旺《地缘经济因素对冷战后国际关系的影响》

材料二　相比中国学者对全球治理理论研究的贡献，中国政府和领导人在国际舞台上贡献了中国智慧。2015 年，习近平主席在一系列国际场合中提出了众多新思想、新观点，比如提出了构建以合作共赢为核心的新型国际关系、打造全球伙伴关系网、构建人类命运共同体等。

——摘编自赵可金《全球治理的中国智慧与角色担当》

(1) 根据材料一，指出影响国际关系的因素的变化。结合所学知识分析这种变化对世界经济发展产生的影响并举例说明。

(2) 国际格局变化影响新型国际关系的建立，根据材料二，指出中国政府为建立新型国际关系贡献的智慧。

第31课 中国特色社会主义新时代和全面建成小康社会(二)

知识梳理

中国特色社会主义新时代和全面建成小康社会(二)

2013年3月，习近平在莫斯科国际关系学院首次向国际社会提出命运共同体理念。

2013年，习近平在湖南调研时，提出了“精准扶贫”理念。

2014年10月，在福建古田召开的全军政治工作会议，确立了新时代政治建军原则。

2014年11月，习近平在中央外事工作会议上明确提出了推进中国特色大国外交的战略思想，指出中国必须有自己特色的大国外交。

2015年11月，习近平在新加坡同台湾地区领导人马英九会面，就坚持“九二共识”、进一步推进两岸关系和平发展达成积极共识。

2017年7月1日，在习近平的见证下，国家发展和改革委员会与粤港澳三地政府签署《深化粤港澳合作，推进大湾区建设框架协议》，提出将粤港澳大湾区建设成更具活力的经济区、宜居宜业宜游的优质生活圈和内地与港澳深度合作的示范区。

2017年12月，习近平提出世界百年未有之大变局的概念。

2019年10月，中共十九届四中全会强调，贯彻“一国两制”方针要做到全面准确，在思想认识上，必须坚持“一国”是实行“两制”的前提和基础，“两制”从属和派生于“一国”并统一于“一国”之内。

2021年7月1日，庆祝中国共产党成立100周年大会在北京天安门广场隆重举行。

2021年11月，中共十九届六中全会通过《中共中央关于党的百年奋斗重大成就和历史经验的决议》，科学总结了党的百年奋斗重大成就和历史经验。

2022年10月，中国共产党第二十次全国代表大会在北京召开。习近平作题为《高举中国特色社会主义伟大旗帜，为全面建设社会主义现代化国家而团结奋斗》的报告。

史实意义

在政治上，中共十九届四中全会强调，贯彻“一国两制”方针要做到全面准确。中共二十大召开，开启全面建设社会主义现代化国家新征程。在经济上，中共十八大以来，党中央提出一系列关系我国经济发展全局的新理念、新思想、新战略。我国的国内生产总值持续高速增长。

巩固练习

一、填空题

1.全军突出抓军魂培育,着力培养有灵魂、有本事、有血性、____________的新时代革命军人;大抓实战化军事训练,加速提升一体化联合作战能力。

2.党和国家坚决反对和遏制"台独"分裂行径,开展反分裂、反干涉重大斗争,牢牢把握两岸关系主导权和主动权,坚定不移____________。

3.伟大建党精神包括坚持真理、坚守理想,____________、____________、不怕牺牲、英勇斗争,对党忠诚、不负人民。

4.____________是实现中华民族伟大复兴的必由之路。

5.中共二十大确定了到____________年我国发展的总体目标和未来五年的主要目标任务,对加强党的全面领导和推进新时代党的建设新的伟大工程作出了部署,为新时代新征程党和国家事业发展指明了前进方向。

二、选择题

1.(　　)年7月1日,庆祝中国共产党成立100周年大会在北京天安门广场隆重举行。习近平发表重要讲话,代表党和人民庄严宣告,经过全党全国各族人民持续奋斗,我们实现了第一个百年奋斗目标,在中华大地上全面建成了小康社会,历史性地解决了绝对贫困问题。

A.2020　　B.2021

C.2022　　D.2023

2.以下(　　)不是全面建成小康社会的重要举措。

A.精准扶贫　　B.供给侧结构性改革

C."大跃进"运动　　D.科技创新驱动发展

3.2021年,习近平在庆祝中国共产党成立100周年大会上的讲话中讲道:"我们要全面准确贯彻'一国两制'、'港人治港'、'澳人治澳'、高度自治的方针,落实中央对香港、澳门特别行政区全面管治权,落实特别行政区维护国家安全的法律制度和执行机制,维护国家主权、安全、发展利益,维护特别行政区社会大局稳定,保持香港、澳门长期繁荣稳定。"关于"一国两制",下列说法正确的是(　　)。

①坚持"一国"是实行"两制"的前提和基础

②"两制"从属和派生于"一国"并统一于"一国"之内

③遵守"一国两制",必须把维护中央对香港、澳门特别行政区全面管治权和保障特别行政区高度自治权有机结合起来

④遵守"一国两制",必须将发挥祖国内地坚强后盾作用和提高香港、澳门特别行政区自身竞争力有机结合起来

A.①③④　　B.①②③④

C.①②③　　D.②③④

4.某博物馆计划举办“国防与军队现代化建设成就”展，右图是某版块拟选择陈列的一部分图片列表，据此可知此版块的主题是（　　）。

● 万吨级驱逐舰
● 隐形战斗机歼-20
● 大型运输机运-20
● 辽宁号航空母舰

A.创新驱动发展，科技强军换新颜

B.听党指挥、能打胜仗、作风优良

C.披荆斩棘，本色不改为国为民

D.天地英雄气，千秋尚凛然

5.下列选项中，体现了党和国家全力支持港澳经济社会发展和民生改善，促进港澳与内地优势互补、合作共赢、共同发展的是（　　）。

A.《反分裂国家法》

B.《关于促进两岸经济文化交流合作的若干措施》

C.《深化粤港澳合作，推进大湾区建设框架协议》

D.《中华人民共和国香港特别行政区维护国家安全法》

6.下面有关2020年军队发展成果表述正确的是（　　）。

A. 已全面实现机械化，信息化建设完成

B. 已基本实现机械化，信息化建设取得重大进展

C. 机械化建设停滞，重点发展信息化

D. 机械化和信息化建设均处于起步阶段

7.在总结新中国外交历程时，人们曾以“一边倒”“反两霸”“大三角”“一大片”等生动语言提炼着中国同世界关系的变化；中共十八大以来，在国际舞台上我们听到的标志性的“新声音”是（　　）。

A.坚持独立自主　　B.人类命运共同体

C.反对霸权主义　　D.和平共处五项原则

三、简答题

如何理解“一国”与“两制”的辩证关系？

四、材料题

阅读材料，并按要求回答下列问题。

材料一　中共十八大以来，我国脱贫攻坚战取得了决定性进展，六千多万贫困人口稳定脱贫，贫困发生率从10.2%下降到4%以下。

——根据网络资料整理

材料二 在全面建成小康社会的过程中，我国积极推进科技创新，一些关键核心技术实现突破，战略性新兴产业发展壮大，载人航天、探月探火、深海深地探测、超级计算机、卫星导航、量子信息、核电技术、大飞机制造、生物医药等取得重大成果，进入创新型国家行列。

——根据网络资料整理

材料三 为了加强生态环境保护，我国大力推进生态文明建设，加强污染防治，推动绿色发展，蓝天、碧水、净土保卫战取得显著成效，生态环境质量持续改善。

——根据网络资料整理

(1)结合材料一，谈谈精准扶贫在全面建成小康社会中的作用。

(2)根据材料二，分析科技创新对全面建成小康社会的重要性。

(3)从材料三中可以看出我国在生态环境保护方面采取了哪些措施？

参考答案

第一单元　中华文明的起源与早期发展

第 1 课　中华文明的起源与早期国家的形成

巩固练习

一、填空题

1.河姆渡文化;仰韶文化

2.半坡遗址

3.旧石器;新石器

4.商朝;盘庚;殷

5.禅让制

6.夏朝

7.分封制;宗法制

8.井田制

9.甲骨文

二、选择题

1.B【解析】根据所学知识可知,北京人生活在距今约 70 万至 20 万年。故 B 项正确,A、C、D 项错误。

2.D【解析】根据所学知识可知,会种植水稻是河姆渡人的特征,不是北京人的特征。故 D 项正确,A、B、C 项错误。

3.C【解析】根据所学知识可知,周口店文化主要是旧石器时代北京人的文化遗址。红山文化、河姆渡文化、龙山文化都是新石器时代的代表性文化类型。故 C 项正确,A、B、D 项错误。

4.B【解析】根据所学知识可知,河姆渡文化的遗址中存在大量稻谷堆积,并出现木构水井与雕刻物。故 B 项正确,排除 A、C、D 项。

5.C【解析】根据所学知识可知,良渚遗址出土了精美的玉器,故选 C 项。山东龙山文化以黑陶著称;河姆渡文化主要种植水稻;半坡人居住的是半地穴式房屋;排除 A、B、D 项。

6.B【解析】根据所学知识可知,夏朝的建立者是禹,故选 B 项。启是禹的儿子,汤是商朝的建立者,周武王是西周的建立者,排除 A、C、D 项。

7.C【解析】根据所学知识可知,殷位于今天的河南安阳。故 C 项正确,A、B、D 项错误。

8.C【解析】根据所学知识可知,商朝实行内外服制,内服指商王直接控制的王畿,外服指商王间接控制的方国。故 C 项正确,A、B、D 项错误。

9.A【解析】根据所学知识可知,西周实行分封制、宗法制和井田制。禅让制是原始社会时期部落联盟首领的选举制度,在夏朝建立后就基本结束了。故A项正确,B、C、D项错误。

10.C【解析】根据所学知识可知,井田制是西周时期实行的奴隶主土地所有制,井田整治规整,有沟渠灌溉。故选择C项,排除A、B、D项。

11.B【解析】根据所学知识可知,甲骨文是我国迄今发现的最古老的成熟文字,一般刻写在龟甲和牛骨上,内容多与占卜有关。故B项正确,A、C、D项错误。

三、简答题

(1)磨制石器出现。(2)农业成为主要经济活动,种植粟、水稻等农作物,推动了人类定居生活。(3)明确的墓葬制度已经存在,大型礼制建筑地位突出。(4)陶器制作发达,有彩陶、黑陶等多种类型,制作工艺精湛。(5)纺织技术出现,建筑技术进步,有半地穴式和干栏式等不同房屋类型。(6)社会出现分化,原始社会组织从母系氏族公社向父系氏族公社过渡。

四、材料题

(1)材料一反映的是一种理想化的大同社会形态,代表了儒家对人类社会的美好憧憬。

特点:生产力比较低下,氏族成员共同劳动,共享成果。

(2)变化:材料二反映的是小康社会形态,与材料一中的大同社会形态相对,私有制产生,阶级分化明显,氏族部落中出现权贵阶层。

原因:随着生产力的发展,社会贫富分化产生。

(3)说明了随着生产力的发展,私有制产生,社会出现贫富分化,社会分化加剧,历史发展从原始社会的公有制向私有制、阶级社会转变的必然趋势。

第2课　春秋战国的历史巨变

巩固练习

一、填空题

1.战国

2.春秋五霸

3.战国七雄

4.儒家;道家;墨家

5.《诗经》

6.秦孝公

二、选择题

1.A【解析】根据所学知识可知,周平王东迁洛邑是春秋战国时期开始的标志。故A项正确,B、C、D项错误。

2.D【解析】根据所学知识可知,“春秋五霸”有多种说法,一说是齐桓公、晋文公、楚庄王、吴王阖闾和越王勾践,另一说是齐桓公、宋襄公、晋文公、秦穆公和楚庄王,都不包括赵武灵王。故选D项。

3.A【解析】根据所学知识可知,商鞅变法中“废井田,开阡陌”承认土地私有,允许自由买卖,这从法律上废除了井田制,确立了封建土地私有制,对废除旧制度具有决定性意义。故 A 项正确,B、C、D 项错误。

4.A【解析】根据所学知识可知,孔子提出“仁”的观念,认为仁者爱人,主张“为政以德”,并要求人们守“礼”,所以孔子思想的核心是“仁”和“礼”,故选 A 项。“无为而治”是道家老子的思想;“兼爱”“非攻”是墨家墨子的思想;“以法治国”是法家的思想,排除 B、C、D 项。

5.D【解析】根据所学知识可知,墨子主张“兼爱”“非攻”。故 D 项正确,A、B、C 项错误。

6.D【解析】根据所学知识可知,战国时期战争特点是战争规模大、参战兵力多、交战区域广、战争频率高。故选择 D 项,排除 A、B、C 项。

7.A【解析】根据所学知识可知,都江堰水利工程是由秦国蜀郡守李冰组织修建的。故 A 项正确,B、C、D 项错误。

8.D【解析】根据所学知识可知,均田制是北魏到唐朝中期实行的一种土地制度,不是春秋战国时期的经济发展表现。春秋战国时期铁器和牛耕的出现与推广提高了农业生产力;商品经济获得空前发展,形成陶、邯郸、临淄等商业大都会;井田制瓦解,封建土地私有制确立是这一时期经济领域的重要变化。故选 D 项。

三、简答题

(1)思想影响:①孔子的“仁”的思想,强调人与人之间要相互关爱,对于塑造中华民族的传统美德和民族精神具有重要意义,影响了中国社会的伦理道德观念;②孔子的“礼”的思想,注重社会秩序和规范,对中国古代的政治制度和社会秩序的构建有一定的影响,在一定程度上维护了社会的稳定。

(2)教育成就影响:①孔子开创了私人讲学之风,打破了贵族对教育的垄断,使教育普及程度得到提高;②他主张“有教无类”、因材施教,收徒讲学,打破了学在官府的限制,为后世教育提供了重要的原则和方法,培养了众多人才,推动了文化知识的传播和传承。

四、材料题

(1)措施:统一度量衡。

作用:①有利于保证国家的赋税收入,促进经济发展;②规范了市场交易秩序,便利了商业活动的开展;③为秦国统一全国后实行统一的度量衡制度奠定了基础。

(2)积极方面:①“废井田,开阡陌”,促进了封建土地私有制的发展,推动了农业生产的发展,使秦国实现了富国强兵,“倾邻国而雄诸侯”;②奖励耕织和军功,提高了农民和士兵的积极性,增强了秦国的经济和军事实力。

消极方面:①破坏了旧的奴隶制制度(“王制遂灭”),导致社会贫富差距加大,“庶人之富者累巨万,而贫者食糟糠”;②秦国的国力增强后,进行兼并战争,造成了一些国家的灭亡(“弱者丧社稷”),给社会带来了一定的动荡。商鞅变法的一些措施过于严苛,也在一定程度上影响了社会的稳定和人民的生活。

第二单元　秦汉统一多民族封建国家的建立与巩固

第3课　秦朝统一多民族封建国家的建立

巩固练习

一、填空题

1.商鞅变法

2.咸阳

3.小篆;圆形方孔的半两钱

4.皇帝制度;三公九卿制度;郡县制度

5.中央集权

6.焚书;坑儒;楚汉之争

二、选择题

1.A【解析】根据所学知识可知,大泽乡起义,又称陈胜、吴广起义,是秦末农民战争的一部分。这次起义是中国历史上第一次大规模的农民起义,故选A项。黄巾起义是东汉末年的农民起义;唐末农民起义发生在唐朝末年;太平天国起义是清朝晚期的农民运动。排除B、C、D项。

2.A【解析】根据所学知识可知,秦朝建立的君主专制中央集权制度的核心是确定至高无上的皇帝制度,故选A项。三公九卿制度是中央官制,是辅助皇帝处理政务的机构;郡县制度是地方行政制度;颁布秦律是维护统治秩序的法律手段,这些都是围绕皇权展开的,以皇权为核心。排除B、C、D项。

3.D【解析】根据所学知识可知,秦始皇统一文字为小篆,有利于政令的传达、法律的施行以及文化的交流和发展。故D项正确,A、B、C项错误。

4.A【解析】根据所学知识可知,“天下之事无大小皆决于上”突出体现了秦朝政治制度中权力高度集中的特点。故A项正确,B、C、D项错误。

5.D【解析】根据所学知识可知,三公指丞相、太尉、御史大夫,丞相协助皇帝处理政事,太尉掌管军事,御史大夫负责监察百官,①正确,③错误;秦始皇建立三公九卿制的目的是加强皇权统治,不是为了减轻自己的负担而分权,②错误;汉朝在初期继续沿用秦朝的三公九卿制,之后有所演变,④正确。故①④正确,选D项。

6.D【解析】根据所学知识可知,秦朝焚书坑儒钳制了人们的思想,摧残了文化,所以其主要目的是加强思想控制。故D项正确,A、B、C项错误。

7.C【解析】根据所学知识可知,公元前207年,项羽破釜沉舟,以数万精兵在巨鹿消灭了秦军主力30万人。故C项正确,A、B、D项错误。

8.B【解析】根据所学知识可知,秦朝的苛政导致民不堪命,秦二世统治更加残暴,所以秦朝短期而亡的主要原因是皇帝的暴政。故 B 项正确,A、C、D 项错误。

9.D【解析】根据所学知识可知,秦朝灭亡是多种因素所致。原六国贵族心怀仇恨、百姓不习惯严刑峻法和沉重的劳役与兵役等因素共同作用,导致秦朝社会矛盾重重,最终走向灭亡。故 D 项正确,A、B、C 项错误。

三、简答题

(1)政治上:开创了皇帝制度,皇帝拥有至高无上的权力,总揽政治、经济、军事等大权;在中央,设置三公九卿,组成中央机构;在地方,推行郡县制。(2)经济上:统一货币,统一度量衡。(3)文化上:统一文字。(4)交通上:修筑通达全国各地的弛道,并规定全国车辆两轮之距统一为六尺。(5)军事上:为防止匈奴南下袭扰,修筑长城。(6)思想上:以法家思想为指导,制定、颁布了通行全国的秦律。

四、材料题

(1)制度:郡县制。

不同:①采用分封制,诸侯在封地内有较大的独立性,拥有土地和人民,可世袭,容易形成割据势力;采用郡县制,郡县长官由朝廷任免,负责地方各项事务,实现了对地方直接有效的管控,加强了中央集权。②分封制是以血缘亲疏确定继承关系和名分;郡县制是由朝廷任免。

(2)措施:统一度量衡;统一货币,规定以秦国圆形方孔的半两钱作为全国通用货币。

共同作用:有利于经济文化的交流和发展,巩固了国家的统一。

第 4 课　两汉统一多民族封建国家的巩固

巩固练习

一、填空题

1.王莽

2.卫青;霍去病

3.丝绸之路

4.五铢钱

5.文景之治

二、选择题

1.A【解析】根据所学知识可知,西汉初年,统治者吸取秦朝灭亡的教训,崇尚无为而治、休养生息,这一政策使得百姓能够在长期战乱后得到休养生息的机会,社会经济得到初步恢复,A 项符合西汉初年状况。故 A 项正确,B、C、D 项错误。

2.B【解析】根据所学知识可知,汉武帝在位时期,确立了察举制。察举制是一种由下而上推选人才为官的制度。故 B 项正确,A、C、D 项错误。

3.C【解析】根据所学知识可知,盐和铁是重要的物资,实行盐铁官营可以使国家垄断盐铁的生产和销售,从而大大增加财政收入。故 C 项正确,A、B、D 项错误。

4.C【解析】根据所学知识可知,张骞两次出使西域,汉朝与西域来往增多,了解加深,开辟了中国同西亚、南亚、欧洲的交通路线,使“丝绸之路”畅通无阻。故C项正确,A、B、D项错误。

5.B【解析】根据所学知识可知,“光武中兴”是东汉光武帝刘秀统治时期出现的治世局面。故B项正确,A、C、D项错误。

6.B【解析】根据所学知识可知,汉文帝和汉景帝继续施行惠民措施,减少财政支出,减轻百姓负担,所以为休养生息政策。故B项正确,A、C、D项错误。

7.B【解析】根据所学知识可知,汉武帝颁布“推恩令”,以推恩的名义,分割了王国的辖地,有效地削弱了诸侯王的势力,加强了中央集权。故B项正确,A、C、D项错误。

8.A【解析】根据所学知识可知,东汉中后期,皇帝大多幼年即位,外戚和宦官轮流把持朝政。他们彼此争斗,谋取私利,政治一片黑暗。故A项正确,B、C、D项错误。

9.B【解析】根据所学知识可知,黄巾起义是东汉中后期的农民战争,爆发于公元184年。故B项正确,A、C、D项错误。

三、简答题

(1)开通:汉武帝时期,为了联络大月氏夹击匈奴,张骞两次出使西域,开辟了通往西域的道路,开辟了早期中西交通,使汉朝和西域来往增多,了解加深,被司马迁形象地称为“凿空”。

(2)意义:①促进了中国与西亚、南亚和欧洲的经济文化交流,汉朝的丝绸、漆器等物品,以及开渠、凿井、铸铁等技术传到西域;西域的核桃、葡萄、石榴、苜蓿、香料、宝石、良马等,以及多种乐器和歌舞传入中原,丰富了中国的物质文化生活和精神文化生活。②推动了中国古代商业的发展,加强了中国与世界的联系,使中国在世界贸易中占据重要地位。③促进了中原地区与边疆地区的经济文化交流,加强了民族融合,有利于统一多民族国家的发展。④丝绸之路是古代东西方经济文化交流的重要通道,丝绸之路的开通,为中原和西域关系的发展奠定了基础,开启了中国与世界的联系。

四、材料题

(1)古代称对未知领域的探险为“凿空”,张骞第一次开辟出中原通往西域的道路,中原王朝和西域各国有了第一次友好往来,所以称为“凿空”。

(2)根据所学知识可知,“胡”在中国古代泛指北方或西方的少数民族或外国人。这些食物以“胡”字命名,正说明它们最初是通过丝绸之路传入中原地区的。以“胡”字命名,从西域传入内地的东西还有胡椒、胡萝卜等。

(3)根据所学知识可知,世界经济全球化已是不可阻挡的潮流,实行“一带一路”倡议是适应经济全球化的正确决策,也有利于全方位、多层次、宽领域对外开放格局的建设和完善,是对科学发展观的深入贯彻和落实。在如今日渐增长的国际机遇和挑战中,实行“一带一路”倡议是实现大国的和平崛起和迎接机遇与挑战的一个适时、适地、适国情的国家战略。历史上,从张骞开辟这条道路开始,中西方交流就有了沟通的桥梁和纽带,也正是因为有了这条路,中国古代的科研成果才能传播西方,促进全人类的发展。而中国也在丝绸之路的建设和完善中不断提高国际地位和国际影响力,并在唐宋时期建立起以中国为核心的东亚文明圈。无论是从历史还是当下世界潮流来看,“一带一路”倡议都符合中国利益。

第5课　秦汉时期的经济、科技与文化

巩固练习

一、填空题

1.蔡伦

2.墓室壁画;帛画;马王堆汉墓

3.周髀算经;九章算术

4.史记

5.班固

6.江南运河

二、选择题

1.C【解析】根据所学知识可知,东汉张仲景著有《伤寒杂病论》,系统阐述了中医理论和治病原则,奠定了我国古代中医治疗学的基础,后世尊称他为“医圣”。故C项正确,A、B、D项错误。

2.A【解析】根据所学知识可知,西汉司马迁撰写的《史记》,以人物传记为主,编年纪事为辅,叙述了从黄帝到汉武帝时期的历史,它是我国第一部纪传体通史。故A项正确,B、C、D项错误。

3.B【解析】根据所学知识可知,《史记》的作者是司马迁。故B项正确,A、C、D项错误。

4.C【解析】根据所学知识可知,汉武帝时发明了新型播种工具耧车,加快了播种速度。故C项正确,A、B、D项错误。

5.D【解析】西汉时编定的《黄帝内经》,是我国现存最早的医书。东汉时的《神农本草经》,是我国古代第一部完整的药物学著作。东汉张仲景著有《伤寒杂病论》,系统阐述了中医理论和治病原则,奠定了我国古代中医治疗学的基础。故D项正确,A、B、C项错误。

6.B【解析】根据所学知识可知,秦汉时期,北方主要种植小麦,南方以种植水稻为主,不是南方普遍种植小麦,A项错误;秦汉时期,牛耕的使用提高了农业生产效率,促进了农业的发展,B项正确;秦汉时期水利工程有了新的发展,如秦朝修建了秦渠和江南运河,汉朝修建了六辅渠、白渠等水利工程,不是水利工程的修建停滞不前,C项错误;秦汉时期,铁农具逐渐普及,但并不是农业生产全部使用铁农具,D项错误。故B项正确,A、C、D项错误。

7.C【解析】根据所学知识可知,蔡伦改进了造纸术,用树皮、麻头、破布和旧渔网做原料造纸。这些原料易得且便宜,纸的质量和产量都得到提高,所以蔡伦的主要贡献是提高了纸的质量和产量。故C项正确,A、B、D项错误。

8.B【解析】根据所学知识可知,司马迁写《史记》的目的是“究天人之际,通古今之变,成一家之言”,他希望通过对历史的记载和分析,为统治者提供借鉴,让后人能够从历史中吸取经验教训。故B项正确,A、C、D项错误。

9.A【解析】根据所学知识可知,105年,东汉宦官蔡伦总结前人经验,改进了造纸术,用树皮、麻头、破布和旧渔网做原料造纸。这些原料易得且便宜，纸的质量和产量都得到提高，使用日益普遍。为了纪念蔡伦的功绩，人们称这种纸为“蔡侯纸”。后来，造纸术由中国传遍世界，促进了人类文化的传播。故A项正确，B、C、D项错误。

10.A【解析】根据所学知识可知，《史记》共130篇，50多万字，以人物传记为主，编年纪事为辅，叙述了从黄帝到汉武帝时期的历史。故A项正确，B、C、D项错误。

三、简答题

汉初的黄老之学；汉武帝时期，董仲舒主张尊崇儒术；东汉时期的思想家王充反对天人感应说，反对有鬼论。

四、材料题

(1)思想：重农思想。作用：有利于农业生产的发展，促进了经济的恢复和稳定，为西汉的强盛奠定了基础。

(2)秦汉时期的长久统一为农业的快速发展提供了保障；秦、汉政府鼓励农民垦荒，调动了农民开发土地的积极性；铁农具的使用、牛耕的推广、水利工程的修建，为农业的快速发展奠定了坚实的基础。

第三单元　三国两晋南北朝的政治、经济与文化

第6课　三国两晋南北朝政权更迭与民族交融

巩固练习

一、填空题

1.曹丕；洛阳；魏

2.八王之乱

3.15；成汉；十六国

4.前秦

5.北魏；东魏；西魏

二、选择题

1.C【解析】根据所学知识可知，官渡之战发生于公元200年，曹军以少胜多，大败袁军。故C项正确，A、B、D项错误。

2.B【解析】根据所学知识可知，三国鼎立是指东汉末年三国时期，魏、蜀、吴三国各自占据一方，形成相互对峙的局面。故B项正确，A、C、D项错误。

3.A【解析】根据所学知识可知，208年，刘备和孙权的联军在赤壁之战中打败曹军，曹操退守北方，并进占河西地区。刘备占据荆州，又取得益州，进而向西南发展。孙权占据长江中下游地区，不断向东南扩展。220年，曹丕废汉献帝，在洛阳称帝，国号魏，东汉灭亡。此后，刘备、孙权先后称帝建国，魏、蜀、吴三国鼎立局面正式形成。故A项正确，B、C、D项错误。

4.A【解析】根据所学知识可知,江南出现“荆扬晏安,户口殷实”的局面。由于生活安逸,一些原来还想返回中原的南渡士族,包括东晋最高统治者,再也无意北返,满足于偏安东南一隅。反映出东晋南朝时期相对三国时期政局的稳定性有所加强。故A项正确,B、C、D项错误。

5.B【解析】根据所学知识可知,各民族长期杂居相处,互相影响,不断走向交融。中原百姓喜欢用西北少数民族地区产的毛毡子做头巾、系带儿、裤边儿,这反映了中原地区和西北少数民族之间存在经济往来。故B项正确,A、C、D项错误。

6.B【解析】根据所学知识可知,“八王之乱”持续了16年,导致社会经济停滞甚至倒退,人口急剧减少,国力迅速衰落。北方内迁的各族乘机起兵反晋。316年,西晋被匈奴军队灭亡。故B项正确,A、C、D项错误。

7.A【解析】根据所学知识可知,司马睿能在江南建立东晋,是因为他得到了士族的支持。在“八王之乱”后,司马睿接受王导的建议,前往建康,结交江东大族,获得了当地士族的拥护,同时也有北方士族的支持,在士族的拥戴下建立了东晋。故A项正确,B、C、D项错误。

8.B【解析】根据材料可知,章华家世代为农夫,没有世家大族的背景(素无阀阅),虽然官至太守,但权贵们排挤诋毁他,最终被免官。这体现了当时选官注重家世渊源,门第观念浓厚。故B项正确,A、C、D项错误。

三、简答题

(1)北魏孝文帝顺应民族交融的趋势,推行以学习中原文化为中心、加速民族交融的改革,主要措施包括:①制定官吏俸禄制度,推行均田制和租调制;②推行汉化政策,包括说汉语、穿汉服、改汉姓、同汉族通婚等;③迁都洛阳。

(2)对民族交融的影响:加强了内迁各族对中原文化的认同,增强了北魏的实力,为隋唐时期统一多民族国家的巩固与发展,奠定了深厚的基础。

四、材料题

(1)材料一反映江南地区地广人稀,生产方式落后,经济不发达,人民生活贫困。

(2)变化:江南土地被大量开垦,耕作技术进步,农田水利得到兴修,农作物品种增多,单位面积产量提高。

原因:①北方人口大量南迁,带来了先进的生产技术并充实了江南的劳动力;②江南地区社会相对安定,为经济发展提供了有利的社会环境;③统治者推行劝课农桑、奖励耕织、兴修水利等政策。

(3)影响:东晋南朝农业的开发从江东扩展至整个长江流域,进而影响岭南和闽江流域,江南经济开发使南北经济趋向平衡,为以后经济重心的逐渐南移奠定了基础。

第 7 课　三国两晋南北朝时期的科技与文化

巩固练习

一、填空题

1.马钧

2.大明历

3.郦道元;水经注

4.建安文学

5.云冈石窟;龙门石窟;莫高窟

6.王羲之

二、选择题

1.A【解析】根据所学知识可知,南朝人祖冲之,用算筹做工具,在世界上第一次把圆周率的数值,计算到小数点以后第 7 位数字,即在 3.141 592 6 与 3.141 592 7 之间。故 A 项正确,B、C、D 项错误。

2.D【解析】根据所学知识可知,《齐民要术》是北朝人贾思勰所著,是我国现存最早的一部完整的农学科学技术著作。故 D 项正确,A、B、C 项错误。

3.D【解析】根据所学知识可知,纸张的广泛使用使得书法练习更加方便,成本降低,人们可以更自由地进行书法创作和探索,为书法艺术从自发向自觉阶段的转变提供了物质基础。书法家能够在纸上充分发挥自己的艺术创造力,展现不同的风格和个性。故 D 项正确,A、B、C 项错误。

4.B【解析】根据所学知识可知,东晋的顾恺之擅长创作人物画,他的作品线条优美活泼,流传下来的作品有《女史箴图》《洛神赋图》等。故 B 项正确,A、C、D 项错误。

5.D【解析】根据所学知识可知,东晋南朝时期,工匠将生铁溶液混合到熟铁料中,加以锻打锤炼,从而获得质地优良的钢。这种新的炼钢技术叫作"灌钢法"。故 D 项正确,A、B、C 项错误。

6.D【解析】根据所学知识可知,东晋的顾恺之擅长创作人物画,他的作品线条优美活泼。故排除 A、B、C 项,选择 D 项。

三、简答题

(1)佛教盛行的原因:①社会动荡,人们饱受战乱痛苦;②在社会上层的影响下,平民百姓纷纷信奉佛教、各地广修寺庙。

(2)佛教盛行的影响:①促进了文化艺术的发展,如石窟艺术的兴起,为后世留下了宝贵的文化遗产;②佛教思想对中国传统哲学思想、文学艺术和风俗习惯等产生了深远影响,丰富了中国传统文化的内涵;③对当时的政治和经济发展也产生了较大影响;④佛教也吸收中国文化的养分,逐渐走向本土化。

四、材料题

(1)祖冲之努力计算的结果是把圆周率精确到小数点以后的第7位数字,即3.141 592 6和3.141 592 7之间。此外,祖冲之还在天文历法领域有重大成就,他创制出当时最先进的历法《大明历》。

(2)不同:云冈石窟雕像的线条粗犷洗练,少数民族元素明显;龙门石窟的雕像造型圆滑细致,呈现汉族文化特有的审美。

原因:北魏政权迁都和汉化改革,促进了民族交融。

(3)略。(言之有理,符合题意即可)

第四单元　隋唐统一多民族封建国家的繁荣

第8课　隋唐政治演变与民族交融

巩固练习

一、填空题

1.杨坚;隋朝;长安

2.三省六部制

3.洛阳

4.唐朝

5.黄巢

6.吏部;户部;礼部

7.科举制

二、选择题

1.C【解析】根据所学知识可知,经过三国两晋南北朝时期的发展,汉朝的三公九卿制逐渐演变为隋唐的三省六部制,行政分工更细致、合理。故C项正确,A、B、D项错误。

2.C【解析】根据所学知识可知,隋炀帝设立进士科,标志着科举制的确立。故C项正确,A、B、D项错误。

3.B【解析】根据所学知识可知,魏征是唐初著名政治家,以勇于进谏著称。他辅佐唐太宗李世民,多次以隋亡为鉴,直言进谏,帮助唐太宗纠正政策和行为上的错误,促使唐太宗成为一代明君。故B项正确,A、C、D项错误。

4.B【解析】根据所学知识可知,690年,武则天废唐立周,成为中国历史上唯一的女皇帝。故B项正确,A、C、D项错误。

5.D【解析】根据所学知识可知,唐太宗接受隋亡教训,虚心纳谏,轻徭薄赋,完善制度,使政治清明、经济发展、社会安定,A、B、C项正确。姚崇是唐玄宗时期的宰相,不是唐太宗时期的人物,他与"贞观之治"的出现没有关系,D项错误。故选择D项,排除A、B、C项。

6.C【解析】根据题干描述可知,“北通涿郡之渔商,南运江都之转输,其为利也博哉”这句话体现了隋朝大运河具有沟通南北的经济功能,促进了中国南北方的经济交流和发展。故C项正确,A、B、D项错误。

7.C【解析】根据所学知识可知,“开元”是唐玄宗李隆基的年号,开元初社会经济繁荣,四方丰收,城镇商业兴盛,这反映的是唐玄宗前期开创“开元盛世”的经济发展盛况。故C项正确,A、B、D项错误。

8.D【解析】根据题干描述可知,刘得任和李洞虽然是皇亲国戚和宗室子弟,但在科举考试中也可能无所成或屡考不中,这反映了唐代科举取士不论出身,体现了当时的科举制公平公正。故D项正确,A、B、C项错误。

9.A【解析】根据题干描述可知,唐太宗时期,大臣张玄素劝阻皇帝不要修建洛阳宫殿,魏征等人指出皇帝用人和赏罚中的问题,都得到太宗的奖赏。这说明唐太宗能够虚心接受大臣的谏言。故A项正确,B、C、D项错误。

10.B【解析】根据所学知识可知,唐太宗在位期间,虚心纳谏,轻徭薄赋,完善制度,使政治清明、经济发展、社会安定,史称“贞观之治”。故B项正确,A、C、D项错误。

11.A【解析】根据所学知识可知,安史之乱是唐玄宗末年由安禄山和史思明发动的一场叛乱,时间是755—763年。黄巢起义是唐朝末年的一场大规模农民起义,时间是875—884年。玄武门之变是秦王李世民发动的,是唐朝初期的重要事件。开凿隋唐大运河是隋炀帝时期的工程,从605年开始。按照时间先后顺序排列为④③①②,故A项正确,B、C、D项错误。

三、简答题

1.(1)隋炀帝大兴土木,营建了一系列重大工程,仅开挖大运河就征发民工数百万。(2)他三次征伐高丽,耗费大量人力物力。农民不堪重负,纷纷起义。(3)朝廷内部政治矛盾也随之加剧,隋炀帝表兄、太原留守李渊乘机起兵,很快占领长安。

2.(1)原因:①为稳定边疆,唐朝设立节度使,节度使手握重兵,渐渐形成“外重内轻”的格局;②唐玄宗晚年,不理朝政,任人唯亲,政治逐渐陷入混乱。

(2)概况:755年,范阳节度使安禄山和部将史思明发动叛乱,占领长安。唐朝倾力镇压,历时8年平定叛乱。

(3)影响:安史之乱是唐朝由盛而衰的转折点。

四、材料题

(1)唐太宗认识到君民关系如同舟水,人民群众的力量是巨大的,人民可以支持君主,也可以推翻君主。他产生这种认识是因为隋朝的暴政导致农民起义,隋朝灭亡。这一惨痛的历史教训让他深知得民心的重要性。他看到了农民阶级蕴含的巨大力量,意识到只有重视人民的利益,才能维护自己的统治。

(2)唐太宗接受隋亡教训,虚心纳谏,轻徭薄赋,完善制度,使政治清明、经济发展、社会安定。

第 9 课 隋唐时期的经济、科技与文化

巩固练习

一、填空题

1.租庸调制;两税法
2.水车;曲辕犁
3.青瓷;白瓷;唐三彩
4.长安;洛阳
5.赵州桥
6.孙思邈
7.唐本草
8.金刚经
9.吴道子
10.武宗灭佛

二、选择题

1.C【解析】根据题干描述可知,唐中期,南方的茶在北方城市大量销售,说明南方的文化(茶文化)和经济产品(茶叶)对北方的影响力在上升,南方的物产能够在北方得到认可和广泛销售。故 C 项正确,A、B、D 项错误。

2.D【解析】根据所学知识可知,题干中的史实主要涉及文化交流和传播。文成公主入藏带去中原的文化知识,促进了唐与吐蕃之间的文化交流;玄奘西行天竺带回佛经并传播佛教文化,同时也让中国文化在天竺有所传播;鉴真东渡日本传授佛经、医药和建筑知识等,这些都体现了中外文化的交流。故 D 项正确,A、B、C 项错误。

3.A【解析】根据所学知识可知,鉴真历经六次东渡,终于成功到达日本。鉴真成为日本最重要的佛教宗师,为日本佛教发展作出巨大的贡献。故 A 项正确,B、C、D 项错误。

4.A【解析】根据所学知识可知,唐三彩是唐代釉陶工艺最有代表性的作品。故 A 项正确,B、C、D 项错误。

5.B【解析】根据所学知识可知,著名高僧玄奘西行,获得大量佛经,归来后应唐太宗的要求作《大唐西域记》,是记载中亚和印度历史、地理的重要史料。故 B 项正确,A、C、D 项错误。

三、简答题

(1)发明了雕版印刷术。868 年的雕版《金刚经》,文字清晰,印制精美,是世界上现存最早的有明确纪年的印刷品。(2)发明了火药。大约唐末五代时出现了火药武器。(3)医学方面,孙思邈的《千金要方》是一部古今药方的合集,对诊病的口诀、针灸的方法和养生之术,都有详备的论述。后又撰《千金翼方》,对前书进行补充。唐高宗时颁行的《唐本草》,是世界上最早的国家药典。(4)地理学方面,贾耽编制的《海内华夷图》和《古今郡国县道四夷述》,与李吉甫所著的《元和郡县图志》都是地理学名作。(5)天文历法方面,僧一行编修了《大衍

历》,他不仅测算出地球子午线长度,还发现了恒星移动的现象。(6)建筑工程方面,宇文恺设计了大兴城和洛阳城;李春设计的赵州桥是世界现存最早的石拱桥。他利用拱形的力学原理,首创了"敞肩拱"结构形式,使赵州桥历经千年,依然屹立。

四、材料题

(1)描绘了唐玄宗开元盛世时期的景象。社会经济状况:人口众多,粮食充足,公私仓库都很充实;社会安定,交通便利;手工业和商业繁荣,男耕女织,社会和谐。

(2)文学方面的发展状况。①传奇小说。以叙事见长、情节曲折、人物形象鲜明的传奇小说在社会上层比较流行。②说唱文学。敦煌出土的变文,反映说唱文学在民间十分流行,佛教寺院是其重要的传播场所。③诗歌。唐朝最突出的文学成就是诗歌,这是诗歌创作的黄金时期。著名的诗人有初唐的陈子昂,盛唐的李白、杜甫,中晚唐的白居易等。各种题材、风格的诗歌异彩纷呈,如田园诗、边塞诗等。仅《全唐诗》就收录了 2 000 多位诗人创作的近 5 万首诗歌,吟诵诗歌是唐人的重要娱乐方式。

艺术方面的发展状况。①书法:楷书风格各异,自成流派,代表人物有初唐的虞世南、欧阳询和褚遂良,盛唐的颜真卿,中晚唐的柳公权;草书方面,张旭和怀素的草书最为突出。②绘画:唐初人物画最受重视,代表画家有阎立德、阎立本兄弟;盛唐的吴道子吸收了西域画法,所绘画面极具立体感,被誉为"画圣"。

第五单元　辽宋夏金多民族政权的并立与元朝的统一

第 10 课　多民族政权并立与元朝的统一

巩固练习

一、填空题

1.澶渊之盟

2.行中书省

3.绍兴和议

二、选择题

1.A【解析】根据所学知识可知,"陈桥兵变"是赵匡胤发动的取代后周、建立宋朝的兵变事件。故 A 项正确,B、C、D 项错误。

2.C【解析】根据所学知识可知,为巩固统一,加强对辽阔疆域的管理,元朝建立行省制度。故 C 项正确,A、B、D 项错误。

3.A【解析】根据所学知识可知,宋朝以前,谏官主要纠绳皇帝,对皇权有一定的制约作用。宋朝实行"台谏合一"制度,谏官不准由宰相任用,须由皇帝亲擢。这一变化使得监察官员的任用权完全掌握在皇帝手中,加强了皇帝的权力。故 A 项正确,B、C、D 项错误。

4.A【解析】根据所学知识可知,蒙古相继灭掉西辽和西夏,后灭掉金朝,1279 年,元军在崖山海域击败南宋余部，完成统一。故 A 项正确，B、C、D 项错误。

5.A【解析】根据所学知识可知，元朝设立北庭都元帅府、宣慰司等，加强对西域的管辖。西藏自元朝正式纳入中央政府管辖，由专设的宣政院管理。故 A 项正确，B、C、D 项错误。

6.A【解析】根据所学知识可知，元朝中央行使宰相职权的机构是中书省，中央委派官员代表中书省处理地方事务，并逐渐固定为地方常设机构，称为行中书省，简称行省。故 A 项正确，B、C、D 项错误。

7.D【解析】根据所学知识可知，出生于意大利威尼斯商人家庭的旅行家马可·波罗在元世祖时经陆路来到中国，居住 17 年后由泉州乘船，途经伊利汗国返回。他的口述经历《马可·波罗行纪》，向欧洲人展示了新奇的东方世界，对以后的欧洲航海、探险活动产生很大的影响。故 D 项正确，A、B、C 项错误。

三、简答题

1.针对唐后期以来藩镇割据、政局动荡的乱象，赵匡胤推行一系列纠正措施，包括加强中央对地方的控制、增设机构或官员分散权力、崇文抑武等。这些措施达到了巩固中央集权、维护社会稳定的目的，但也产生了统治效率不高、财政开支巨大、军队作战能力低下等消极影响。

2.(1)背景：伴随着与辽和西夏的战争，北宋统治的危机逐渐显露。1069 年，宋神宗任用王安石主持变法。

(2)涉及的领域：变法涉及农业、商业、水利、赋税、基层统治、军事训练、科举教育等领域，基本原则是加强国家对上述领域的管理和控制，达到富国强兵的目的。

(3)影响：变法取得了一定的成效，但一些措施在执行过程中增加了民众的负担，也加剧了统治集团的分裂。

四、材料题

(1)称为“澶渊之盟”。影响：此后百余年，辽宋双方基本再无战事。

(2)要讨伐金朝。陆游生活在南宋时期。

(3)宋辽之间有战争也有和议，通过和议维持了相对和平的局面；宋金之间有战争，南宋皇帝对金称臣，双方形成对峙局面。

认识：宋辽、宋金之间的战争给人民带来了灾难，但和议也在一定程度上促进了民族之间的经济文化交流和融合；民族关系的发展是多种因素共同作用的结果，和平交往是民族关系发展的主流；各民族在历史发展过程中相互学习、相互影响，共同推动了中华民族的发展等。(言之有理即可)

第 11 课　宋元时期的经济、科技与文化

巩固练习

一、填空题

1.理学

2.纸币

3.制瓷业;青花瓷;釉里红

4.曲;关汉卿;王实甫

5.山水画

6.资治通鉴

二、选择题

1.B【解析】根据所学知识可知,宋与辽、夏、金各政权经济往来十分密切,官方设置“榷场”进行互市交易,民间贸易也相当活跃。故B项正确,A、C、D项错误。

2.D【解析】根据题干描述可知,中国输出的商品主要是丝织品、瓷器、茶叶等,这些都是手工业产品,能够大量输出且获利,说明宋朝手工业生产较为发达,产品质量和产量都能满足海外贸易需求。故D项正确,A、B、C项错误。

3.A【解析】根据题干描述可知,占城稻从福建推广到江淮、北方诸路,大麦、小麦从北方推广到广南东路、四川等地,这体现了不同农作物在更广泛区域种植,提高了土地的利用效率。故A项正确,B、C、D项错误。

4.D【解析】根据所学知识可知,北宋朝廷在经济上对南方依赖明显,南粮北运的数量大大超过唐朝鼎盛期。北宋灭亡,大批人口南迁,确立了南方经济重心的地位。故D项正确,A、B、C项错误。

5.C【解析】根据题干描述可知,文中提到“突火枪”“焰绝后子窠发出,如炮声”,这符合火药应用于军事,由燃烧型火器逐步发展为爆炸型火器。故C项正确,A、B、D项错误。

6.C【解析】根据所学知识可知,元代的杭州被外国旅行家称为“世界最富丽名贵之城”。故C项正确,A、B、D项错误。

7.D【解析】根据所学知识可知,北宋毕昇发明的活字印刷所用为泥活字。西夏在用泥活字进行印刷的同时,又成功地使用了木活字,可以避免泥活字易碎的缺点。故D项正确,A、B、C项错误。

8.C【解析】根据所学知识可知,新诗体——词,到宋代进入鼎盛时期,豪放派的苏轼、辛弃疾成就最为突出。故C项正确,A、B、D项错误。

9.C【解析】根据所学知识可知,《清明上河图》是北宋后期画家张择端的代表作。故C项正确,A、B、D项错误。

三、简答题

原因:一是经济重心南移完成,南方经济繁荣,农业、手工业的发展为海外贸易提供了丰富的商品来源,如丝织品、瓷器等大量出口;二是造船技术和航海技术的进步,宋代能够建造大型海船,且指南针应用于航海,提高了航海的安全性和准确性,使远洋航行更为便利。

四、材料题

(1)农田类型:圩田。

意义:圩田的修建,不仅将许多滋生水草的低洼荒地开垦成为耕地,而且兼具排、灌功能,防旱抗涝,反映了宋代农业技术的进步。

(2)作用:指南针在航海中起到了辨别方向的重要作用,是航海时重要的导航工具,确保了航海的准确性和安全性。

开始应用时间:北宋。

贡献:指南针的发明为欧洲航海家的航海活动创造了条件,促进了新航路的开辟,世界开始连为一个整体,对世界历史的发展进程产生了深远的影响;促进了贸易与文化交流,推动了世界经济的发展和文化的传播。

第六单元　明清统一多民族国家进一步巩固与封建统治危机

第 12 课　明朝的兴亡

巩固练习

一、填空题

1.朱元璋;应天府

2.内阁

3.承宣布政使司;都指挥使司;提刑按察使司

4.土司制度;乌思藏都指挥使司;哈密等卫

5.郑和下西洋

二、选择题

1.B【解析】根据所学知识可知,1644 年,李自成在西安建立大顺政权,随即攻入北京,崇祯皇帝自缢,明朝灭亡。故 B 项正确,A、C、D 项错误。

2.B【解析】根据所学知识可知,明朝初期废除宰相制,防止权臣乱政,这是加强君主专制的表现。故 B 项正确,A、C、D 项错误。

3.D【解析】根据所学知识可知,明太祖废除宰相制,全国政务由六部分理,六部尚书直接听命于皇帝。故 D 项正确,A、B、C 项错误。

4.C【解析】根据所学知识可知,明成祖设立内阁作为皇帝的秘书机构,选用文官作为大学士入阁办事,负责处理奏章、草拟谕旨等事务,进一步加强了君主专制。故 C 项正确,A、B、D 项错误。

5.A【解析】根据题干描述可知,内阁首辅张居正能够阻止神宗铸钱供内府用,还能面谏力争停发太仓银,这体现了内阁在当时有较强的权势,能够对皇帝的一些要求进行抵制,发挥一定的政治作用。故 A 项正确,B、C、D 项错误。

6.B【解析】根据所学知识可知,万历初期,内阁首辅张居正大刀阔斧地进行改革,主要内容包括:整顿吏治,裁汰冗官,严格考核官员政绩;清理积欠,清丈土地,实行"一条鞭法",将田赋和徭役折成银两合并征收;充实军队,整饬边防等。故选 B 项。

三、简答题

(1)废除宰相制,政务由六部分理,六部尚书直接听命于皇帝。(2)实行户口登记的黄册制度,并丈量全国土地,制成《鱼鳞图册》,作为征派赋税徭役的依据。(3)废除元朝的行省,在地方设立承宣布政使司、都指挥使司、提刑按察使司,分别管理民政、军事与司法事务。(4)颁布《大明律》《大诰》等法律。(5)在中央设立中、左、右、前、后五军都督府,管理地方都指挥使司及京师和各地卫所。

四、材料题

(1)弊端:明太祖认为宰相制度容易导致专权乱政,小人掌权,威胁皇权。措施:废除宰相制和行省,政务由六部分理,六部尚书直接听命于皇帝;在地方设立承宣布政使司、都指挥使司、提刑按察使司,分别管理民政、军事与司法事务。

(2)态度:批判、反对。原因:八股文内容空疏,形式呆板,又脱离实际,禁锢思想,应试的人为了能够被录取,只有死读"四书""五经",成为皇帝旨意的顺从者,不利于培养真正的人才,阻碍了思想文化和科技的发展。

(3)①积极影响:加强了君主专制,稳固了明朝的统治。②消极影响:皇权高度集中,地方政府缺乏自主性,不利于地方的发展。

第13课　清前中期的兴盛与危机

巩固练习

一、填空题

1.巡抚;府;州

2.尼布楚条约

3.恰克图条约

4.改土归流

5.台湾府

二、选择题

1.D【解析】根据所学知识可知,明太祖废除宰相制,政务由六部分理,六部尚书直接听命于皇帝,这是加强君主专制的重要举措,①选项符合主题;清朝雍正时期设立军机处,军机大臣由皇帝临时选用,参与军机决策,这是清朝加强专制统治的关键措施,②选项符合主题;清朝创设奏折制度,重要官员可以直接向皇帝上奏,皇帝能够更加直接地掌控信息,加强了对官员的监督和对政务的控制,体现了专制统治的强化,③选项符合主题;明朝设内阁作为皇帝的秘书机构,后来内阁权力有所变化,但始终是皇权控制下的辅助机构,其发展过程也体现了明清加强专制统治的趋势,④选项符合主题。故符合主题的有①②③④,选D项。

2.C【解析】根据所学知识可知,当时台湾被荷兰殖民者侵占,1661年,郑成功出兵台湾,对盘踞台湾的荷兰殖民者宣战,经过激烈战斗,迫使殖民者投降,台湾重回祖国怀抱。故C项正确,A、B、D项错误。

3.B【解析】根据所学知识可知,俄国从17世纪起频繁入侵我国东北,并占据雅克萨等地。康熙皇帝派遣军队击败俄国侵略者,取得雅克萨之战的胜利。1689年,清朝与俄方签订《尼布楚条约》。故 B 项正确，A、C、D 项错误。

4.D【解析】根据所学知识可知，“康乾盛世”是清朝康熙、雍正、乾隆三代皇帝统治时期出现的盛世。这一时期清朝政局稳定、经济发展、人口增长、边疆巩固，史称“康乾盛世”。故 D 项正确，A、B、C 项错误。

5.A【解析】根据所学知识可知，①康熙皇帝派遣军队击败俄国侵略者，取得雅克萨之战的胜利。②1683 年，康熙皇帝派施琅率军攻台。③康熙时期，漠西蒙古准噶尔部首领噶尔丹对其他部落肆意抢掠，扩张势力，严重威胁西北地区的安宁。为此，康熙皇帝三次亲征，噶尔丹兵败自杀。故 A 项正确，B、C、D 项错误。

6.A【解析】根据所学知识可知，清朝统治者认为天朝物产丰盈，无所不有，原不藉外夷货物以通有无。外商由官府特许的广州“十三行”商人代为贸易，外商的活动受到严格约束，禁止民间船只私自出海贸易。这种闭关自守的政策，也阻碍了中国的对外贸易。故 A 项正确，B、C、D 项错误。

7.D【解析】根据题干描述可知，“处处皆关，关关有税”表明清朝抑制商业，通过设置关卡收税来限制商业发展；“如有打造双桅五百石以上桅式船只出海者，不论官兵民人，俱发边卫充军”体现了实行海禁政策，限制海外贸易和海运。故 D 项正确，A、B、C 项错误。

8.D【解析】根据所学知识可知，清朝版图辽阔，其疆域东临太平洋，西跨葱岭。①辽东范围不准确，②陇西不符合清朝西部边界情况。故 D 项正确，A、B、C 项错误。

三、简答题

(1)设置台湾府，隶属福建省，统一了全国。(2)派遣军队击败俄国侵略者，取得雅克萨之战的胜利，与俄方签订《尼布楚条约》，划定中俄东段边界。(3)确立对达赖和班禅的册封制度，设置驻藏大臣，加强对西藏的管辖。(4)平定准噶尔继任首领阿睦尔撒纳叛乱后，又平息了天山南路维吾尔首领大、小和卓兄弟叛乱，西北边疆终于获得安定。(5)土尔扈特部返回祖国，清朝将其安置在伊犁将军辖区。(6)实行“改土归流”政策。

意义：强化了中央的统治，有利于国家的稳定，维护了统一，并对当地社会发展起到积极作用。

四、材料题

(1)①设立专门的机构理藩院，皇帝直接领导；②推行民族立法，利用法律协调民族关系；③民族立法兼顾普遍性和区域性。

(2)①有利于对民族地区的管理，加强中央集权；②促进地区开发，推动民族地区社会发展；③促进民族融合，推动统一多民族国家的发展；④为后世处理民族关系提供立法经验。

第 14 课　明清时期的经济、科技与文化

巩固练习

一、填空题

1.天工开物

2.农政全书

3.程朱理学;五经大全;八股文

4.徐霞客游记

5.心学;致良知

6.顾炎武;王夫之;黄宗羲

二、选择题

1.C【解析】根据题干描述可知,盛泽镇从普通村落发展到明末有千百余家绸丝牙行,这主要得益于纺织业的快速发展。纺织业的繁荣带动了相关商业活动,使得盛泽镇逐渐繁荣起来。故 C 项正确,A、B、D 项错误。

2.C【解析】根据所学知识可知,李时珍编写的《本草纲目》是一部古代药物和治病方剂的集大成著作。该书不仅提出较为科学的药物分类方法,还融入了生物进化思想,成为我国古代医药宝库中的一份珍贵遗产,被誉为"东方药物巨典"。故 C 项正确,A、B、D 项错误。

3.B【解析】根据所学知识可知,景德镇以陶瓷业著称,到嘉庆时"广袤数千里,业陶数千户"。故 B 项正确,A、C、D 项错误。

4.D【解析】根据所学知识可知,清代后期,以徽调、汉调为主,吸收昆曲、秦腔的部分剧目、曲调和表演方法,融合发展而成的京剧逐渐流行,成为传统文化中的精粹。故 D 项正确,A、B、C 项错误。

三、简答题

1.农作物种类多样化,新粮食作物大量引进种植;粮食生产与商业联系紧密;手工业获得很大发展,私营手工业发展迅速,成为手工业的主体力量;商帮活跃。

2.(1)《本草纲目》:作者李时珍,是一部古代药物和治病方剂的集大成著作,不仅提出较为科学的药物分类方法,还融入了生物进化思想,被誉为"东方药物巨典"。(2)《天工开物》:作者宋应星,系统总结了农业、纺织、化工、机械、车船、兵器、陶瓷、造纸等行业的工艺技术,被达尔文誉为利用人力开发自然的"技术权威著作",也被誉为中国 17 世纪的工艺百科全书。(3)《农政全书》:作者徐光启,总结了古代农业政策和农业技术,是一部具有重要价值的农业百科全书。

四、材料题

(1)经济现象:"机户出资,机工出力"的雇佣关系。实质:资本主义萌芽的出现。

(2)①商业资本活跃,资金雄厚;②商帮众多,地域特色明显;③商业活动组织化程度高,设立会馆、公所等组织。

第七单元　晚清的民族危机与救亡图存

第15课　列强入侵与中国人民的反抗斗争

巩固练习

一、填空题

1.1840

2.虎门条约

3.鸦片

4.英;法;俄

5.圆明园

6.增开沙市、重庆、苏州、杭州为通商口岸

7.扶清灭洋

8.北京

9.辛丑条约

二、选择题

1.C【解析】根据所学知识可知,中英两国贸易中英国处于入超地位。为了改变这种不利局面,英国商人向中国走私鸦片。故C项正确,A、B、D项错误。

2.B【解析】根据所学知识可知,“最惠国待遇”在《南京条约》等已有规定,不是第二次鸦片战争爆发的原因,西方列强想通过“修约”获取更多特权,A项错误;西方列强企图借“修约”名义,进一步打开中国市场,牟取更多在华利益。当清政府拒绝其无理要求后,列强便以此为借口发动了第二次鸦片战争,B项正确;清政府基本遵守了《南京条约》的各项条款规定,第二次鸦片战争爆发是因为西方列强欲壑难填,想要更多权益,C项错误;英国已在1843年的《虎门条约》中获得了“领事裁判权”,不是第二次鸦片战争爆发的原因,D项错误。故B项正确,A、C、D项错误。

3.D【解析】根据所学知识可知,湖广总督林则徐在两湖地区厉行禁烟,成绩斐然。1838年,林则徐前往广州禁烟。1839年6月,他在广东虎门海滩公开销毁收缴的英美商人走私鸦片两万多箱,英国大鸦片贩子认为中国禁烟措施损害了英国的利益,鼓动英国政府用武力解决鸦片贸易问题,引发了英国的侵略战争。故D项正确,A、B、C项错误。

4.B【解析】根据所学知识可知,第二次鸦片战争后,清政府与英、法、俄、美四国分别签订《天津条约》,又被迫签订中英、中法《北京条约》,清政府被迫开放更多通商口岸,英、法获取了赔款以及内河航行权等大量权益,鸦片以“洋药”名义纳税进口,鸦片贸易被合法化。故B项正确,A、C、D项错误。

5.B【解析】根据所学知识可知,1842年8月,清政府被迫与英国签订中国近代史上第一个

丧权辱国的不平等条约——中英《南京条约》,条约的主要内容:割让香港岛给英国;赔款2 100万银元;开放广州、福州、厦门、宁波、上海五处为通商口岸;英国商人进出口货物应纳税率,必须经过中英双方协议。故选 B 项。

6.C【解析】根据所学知识可知,《马关条约》规定清政府割辽东半岛、台湾全岛及所有附属各岛屿、澎湖列岛给日本;赔偿 2 亿两白银;增开沙市、重庆、苏州、杭州为通商口岸;日本可以在中国的通商口岸开设工厂。这些内容符合"割台湾、赔两亿、增四口、设工厂"的顺口溜。故 C 项正确,A、B、D 项错误。

7.B【解析】根据题干描述可知,英国要求清政府保证不将长江沿岸各省租押或以其他名义让予他国,清政府答复后,这意味着长江流域成为英国的势力范围,英国在该地区享有特殊权益。故 B 项正确,A、C、D 项错误。

8.D【解析】根据所学知识可知,义和团运动是中国人民自发的反帝爱国运动,打碎了帝国主义瓜分中国的迷梦,激励了中国人民的反帝反封建斗争,对清政府的腐朽统治造成了严重冲击。故 D 项正确,A、B、C 项错误。

9.D【解析】根据所学知识可知,《辛丑条约》中有划定北京东交民巷为使馆区,中国人不得居住,各国可派兵驻守等内容,与材料中各国对某些地方进行军事占领以保证道路畅通等内容相符。故 D 项正确,A、B、C 项错误。

三、简答题

(1)鸦片战争

①时间:1840 年 6 月—1842 年 8 月。

②1842 年签订《南京条约》,其主要内容包括:割让香港岛给英国;赔款 2 100 万银元;开放广州、福州、厦门、宁波、上海五处为通商口岸;英国商人进出口货物应纳税率,必须经过中英双方协议。

③对中国社会性质的影响:《南京条约》等第一批不平等条约的签订,使中国的主权独立和领土完整受到严重侵犯,中国开始成为半殖民地半封建社会。鸦片战争是中国近代史的开端。

(2)甲午中日战争

①时间:1894—1895 年。

②1895 年签订《马关条约》,主要内容包括:承认朝鲜独立;割让辽东半岛、台湾全岛及所有附属各岛屿、澎湖列岛给日本;赔款 2 亿两白银;增开沙市、重庆、苏州、杭州为通商口岸;日本可以在中国通商口岸开设工厂。

③对中国社会性质的影响:《马关条约》签订后,列强掀起了瓜分中国的狂潮,纷纷在中国划分势力范围,强占租借地,大量掠夺铁路和工矿权利。《马关条约》进一步把中国推向了半殖民地半封建社会的深渊。

(3)八国联军侵华战争

①时间:1900—1901 年。

②1901 年签订《辛丑条约》,主要内容包括:惩办"首祸诸臣",涉及中央和地方大臣百余人;向各国赔款白银 4.5 亿两,分 39 年还清,本息共计白银约 9.8 亿两;将北京东交民巷划定为

使馆区，中国人不得居住，各国可派兵驻守；拆除大沽及北京至海通道的所有炮台，各国可在北京至山海关铁路沿线 12 个重要地区驻扎军队；禁止中国人成立或加入任何“与诸国仇敌之会”等。

③对中国社会性质的影响：《辛丑条约》是中国近代史上主权丧失最严重，赔款数额最大的不平等条约。从此，清政府成为“洋人的朝廷”。《辛丑条约》的订立，标志着中国完全成为半殖民地半封建社会。

四、材料题

(1)①将领指挥失误：丁汝昌在战术指挥上存在问题，如在日舰来袭时“坐守而已”，消极防御。在北炮台可能失守的情况下，丁汝昌命卸巨炮机件，虽有避免资敌的考虑，但这种做法削弱了己方的防御力量，而且戴宗骞反对这一决策，反映出指挥层内部意见不统一。②内部军心涣散：“海军水手并登岸，噪出，鸣枪过市，声言向提督乞生路”，表明军队内部士气低落、纪律松弛，士兵缺乏战斗意志。③将领抵抗决心不足：在面临困境时，诸洋员请乞降，虽然丁汝昌不可，但最后在军士胁迫下仰药死，诸将推洋员托丁汝昌之名作降书，说明部分将领没有坚定的抵抗到底的决心，最终导致投降。

(2)①国家主权丧失：甲午中日战争战败后签订《马关条约》，中国被迫割让辽东半岛、台湾全岛及所有附属各岛屿、澎湖列岛给日本，中国领土完整遭到破坏。同时，列强掀起瓜分中国的狂潮，如俄据旅顺、大连湾，英据威海卫，德据胶州，法据广州湾，中国的主权受到严重侵犯，半殖民地化程度大大加深。②经济遭受沉重打击：中国需要向日本支付巨额赔款，日本借此“兴百政”，增强了国力。而中国的赔款加重了自身的财政负担，阻碍了经济的正常发展，同时也为列强进一步经济侵略提供了机会。

第 16 课　探索国家出路与挽救民族危亡的努力

巩固练习

一、填空题

1.天朝田亩制度

2.天京

3.自强求富

4.轮船招商局；上海机器织布局；开平矿务局

5.京师同文馆

6.公车上书

二、选择题

1.B【解析】根据所学知识可知，太平天国运动持续十余年，太平军北伐、西征，占领湖北、江西、安徽的许多地方，军事上达到鼎盛，沉重打击了清朝的封建统治，动摇了清朝的统治基础。故 B 项正确，A、C、D 项错误。

2.C【解析】根据所学知识可知，1862 年，洋务派在北京创办京师同文馆，专门培养外语翻译人才,这是中国近代第一所新式学校。故C项正确,A、B、D项错误。

3.B【解析】根据所学知识可知,为了"自强",洋务派创办了江南机器制造总局、福州船政局、天津机器局等官办军事工业。故选B项。

4.A【解析】根据所学知识可知,林则徐在鸦片战争前主张禁烟等,但他不属于洋务派。故选A项。洋务派的代表人物有奕䜣、曾国藩、李鸿章、左宗棠、张之洞等,排除B、C、D项。

5.C【解析】根据所学知识可知,日本强迫清政府增开重庆为商埠是1895年《马关条约》的内容。日俄战争爆发于1904—1905年,不是1895年发生的事件,①选项不符合题意;1895年《马关条约》签订后,台湾被割让给日本,台湾人民掀起了反割台斗争,②选项符合题意;1895年,康有为等举人因《马关条约》签订而发动"公车上书",反对议和,请求变法,③选项符合题意;第二次鸦片战争爆发于1856—1860年,不是1895年发生的事件,④选项不符合题意。故②③符合题意,选C项。

三、简答题

洋务运动的目的是"自强"和"求富",以"救亡图存"为目标。代表人物主要有奕䜣、曾国藩、李鸿章、左宗棠和张之洞等。

洋务运动迈出了近代中国工业化的第一步,使中国在经济、军事、教育等方面出现了新变化,但洋务运动并没有获得成功。因为洋务运动单纯学习和引进西方技术而不改变君主专制制度,不能实现救亡图存的目标。

四、材料题

(1)愿望:反映了农民阶级要求废除封建地主土地所有制的愿望。

意义:调动了农民革命的积极性。

原则:绝对平均主义。

(2)客观上,长期处于战乱,没有一个安定的环境保证实施;主观上,该纲领违背了社会发展规律,具有空想性,根本无法实施;得不到广大农民的支持等。

(3)进步作用:①是中国农民战争的最高峰;②反封建的同时反侵略;③是中国人向西方学习资本主义的最早探索;④揭开了近代民主革命的序幕,对后来民主革命有重大影响。

第八单元　辛亥革命与民国初年的社会

第17课　辛亥革命与中华民国的建立

巩固练习

一、填空题

1.革命军

2.兴中会

3.中国同盟会

4.民族;民权;民生

5.黎元洪

6.中华民国临时大总统

7.南京

8.中华民国临时约法

9.1912

10.辛亥革命

二、选择题

1.B【解析】根据所学知识可知,1911 年,湖北革命党人在武昌发动起义。题干描述,起义部队很快控制武汉三镇,成立湖北军政府,武昌起义后,其他各省的革命党人先后举事响应,这与日记内容相符。故 B 项正确,A、C、D 项错误。

2.A【解析】根据题干描述可知,邹容在《革命军》中的言论,充满激情地宣扬“革命”,强调中国必须进行革命。这体现了他传播民主革命思想,试图振奋国民精神,唤起民众对革命的认识和支持。故 A 项正确,B、C、D 项错误。

3.B【解析】根据所学知识可知,清政府实施“新政”主要内容包括:编练“新军”,试图建立新式军队,增强军事力量,①选项符合题意;鼓励发展工商业是“新政”的内容之一,目的是促进经济发展,适应近代化潮流,②选项符合题意;废科举、办学堂,这是教育领域的改革举措,有利于培养新式人才,推动教育近代化,③选项符合题意;改革官制,对政府机构和官员制度等进行调整,是“新政”的一部分内容,④选项符合题意。故①②③④符合题意,故选 B 项。

4.D【解析】根据所学知识可知,广州黄花岗起义是 1911 年 4 月革命党人在广州发动的一场起义,虽然起义失败,但沉重打击了清王朝的统治,极大地鼓舞了人们的革命斗志。孙中山后来称赞黄花岗起义“惊天地、泣鬼神,与武昌革命之役并寿”。故 D 项正确,A、B、C 项错误。

5.C【解析】根据所学知识可知,辛亥革命结束了在中国延续几千年的君主专制制度,极大促进了中华民族的思想解放,传播了民主共和的理念。故 C 项正确,A、B、D 项错误。

6.A【解析】根据所学知识可知,辛亥革命虽然推翻了清朝政府,结束了在中国延续几千年的君主专制制度,但没有改变旧中国半殖民地半封建的社会性质和中国人民的悲惨境遇,没有完成实现民族独立、人民解放的历史任务。故选 A 项。

7.D【解析】根据所学知识可知,1911 年 10 月 10 日的武昌起义,起义部队很快控制武汉三镇,其他各省的革命党人也先后举事响应,将辛亥革命推向高潮。故 D 项正确,A、B、C 项错误。

8.A【解析】根据所学知识可知,《民报》是中国同盟会的机关报。故 A 项正确,B、C、D 项错误。

9.A【解析】根据所学知识可知,为防止袁世凯专权,孙中山以临时大总统名义颁布了临时参议院制定的《中华民国临时约法》。《中华民国临时约法》实际上确立了责任内阁制,是中国历史上第一部具有资产阶级共和国宪法性质的重要文件。故 A 项正确,B、C、D 项错误。

10.D【解析】根据题干描述可知,孙中山看到外国资本主义国家的贫富差距问题,认为中国必须提前设法解决民生问题,避免重蹈覆辙。这体现了他主张通过革命等方式解决中国的民生问题。故 D 项正确,A、B、C 项错误。

三、简答题

1.防止袁世凯专权。

2.辛亥革命推翻了清朝政府,结束了在中国延续几千年的君主专制制度。它虽然没有改变旧中国半殖民地半封建的社会性质和中国人民的悲惨境遇,没有完成实现民族独立、人民解放的历史任务,但拉开了中国完全意义上的近代民族民主革命的序幕。辛亥革命极大促进了中华民族的思想解放,传播了民主共和的理念,打开了中国进步潮流的闸门,撼动了反动统治秩序的根基,在中华大地上建立起亚洲第一个共和制国家,以巨大的震撼力和深刻的影响力推动了中国社会变革,为实现中华民族伟大复兴探索了道路,是中华民族伟大复兴征程上一座巍然屹立的里程碑。

四、材料题

(1)原因:缺乏科学的革命纲领;没有发动广大民众;内忧外患不断;资产阶级革命派的软弱性与妥协性;帝国主义与袁世凯的限制和破坏。

(2)理由:辛亥革命推翻了清朝政府,结束了在中国延续几千年的君主专制制度,在中华大地上建立起亚洲第一共和制国家,因而“辛亥革命是一次政治革命”;辛亥革命传播了民主共和的理念,促进了中华民族的思想解放,打开了中国进步潮流的闸门,撼动了反动统治秩序的根基,教育逐渐走向现代化和科学化,因而“辛亥革命又是一次文化革命”。

第 18 课　北洋军阀的统治

巩固练习

一、填空题

1.二十一条

2.张謇

3.陈独秀

4.白话文

5.民主;科学

二、选择题

1.C【解析】根据所学知识可知,1915 年 9 月,陈独秀在上海创办《青年杂志》,后改名为《新青年》。故 C 项正确,A、B、D 项错误。

2.C【解析】根据所学知识可知,新文化运动的主要阵地是《新青年》杂志和北京大学。故 C 项正确,A、B、D 项错误。

3.D【解析】根据所学知识可知,新文化运动的主要阵地是《新青年》杂志和北京大学,A 项正确;新文化运动提倡民主与科学,即拥护“德先生”和“赛先生”,B 项正确;新文化运动主张“文学革命”,提倡白话文和新式标点符号,C 项正确;新文化运动要拥护“德先生”又要拥护“赛先生”,便不得不反对国粹和旧文学,D 项不正确。故选择 D 项,排除 A、B、C 项。

4.C【解析】根据所学知识可知,1913 年,袁世凯无视法定程序,强迫国会选举自己为正式大总统后,很快下令解散国民党,解散国会;1914 年颁布《中华民国约法》,改责任内阁制为总统制;接着,又将总统任期由原来的五年改为十年,可连选连任。故先后顺序是②①③④,选 C 项。

5.B【解析】根据所学知识可知,1917 年年初,蔡元培就任北京大学校长,主张“思想自由,兼容并包”,延揽陈独秀、胡适等有新思想的学者来校任教。故 B 项正确,A、C、D 项错误。

三、简答题

背景:民国建立以后,一些先进的知识分子逐渐认识到,“欲图根本之救亡”,不但要进行政治革命,还必须进行思想文化革命,彻底批判旧道德、旧文学,解放国人的思想。

主要内容:大力提倡新道德,反对旧道德;提倡新文学,反对旧文学;提倡民主与科学。

意义:动摇了封建正统思想的统治地位,打开了新思想的闸门,在中国社会掀起一股思想解放的潮流。

四、材料题

(1)政府鼓励兴办实业;国内人民掀起提倡国货运动;实业家的“实业救国”精神;欧洲列强忙于第一次世界大战,暂时放松对中国的经济侵略;在反对“二十一条”的声浪中,全国开展抵制日货运动。

(2)特点:轻工业发展较快,轻重工业发展不平衡。

意义:工人阶级和民族资产阶级成为重要的社会力量。

第九单元　中国共产党成立与新民主主义革命的兴起

第 19 课　五四运动与中国共产党的成立

巩固练习

一、填空题

1.五四运动

2.中国工人阶级;上海

3.马克思研究专号;我的马克思主义观

4.中央局;陈独秀

二、选择题

1.D【解析】“各种群众团体如雨后春笋到处涌现……办平民教育,办宣讲团等”说明五四运动激发了民众的社会责任感,故 D 项正确,A、B、C 项错误。

2.B【解析】根据题干描述可知,“共争青岛归还,同看国贼罢黜”体现了民众对国家主权的维护和对卖国贼的愤恨,这是爱国精神的体现。整副对联都表达了人们为国家利益而斗争,争取国家独立、社会正常秩序的愿望,其核心是爱国。故 B 项正确,A、C、D 项错误。

3.D【解析】根据题干描述可知,陈独秀主张"劳力者治人""用革命的手段建设劳动阶级(即生产阶级)的国家",反映出对劳动阶级(无产阶级)地位的重视,这体现了中国工人阶级开始以独立的姿态登上政治舞台,成为爱国运动的主力。故D项正确,A、B、C项错误。

4.B【解析】根据所学知识可知,在共产国际的指导下,1920年8月,陈独秀在上海发起成立了中国第一个共产党早期组织。故B项正确,A、C、D项错误。

5.C【解析】根据所学知识可知,1921年7月23日,中国共产党第一次全国代表大会在上海法租界秘密召开。故C项正确,A、B、D项错误。

6.A【解析】根据所学知识可知,中国在20世纪20年代仍是半殖民地半封建社会,中国的社会性质决定了中国革命的性质是反帝反封建的资产阶级民主革命。中国共产党第一次全国代表大会纲领,明确主张"革命军队必须与无产阶级一起推翻资本家阶级的政权""消灭资本家所有制"等,这说明中国共产党还未完全认清中国的社会性质和革命性质。故A项正确,B、C、D项错误。

三、简答题

1.(1)直接原因:北洋军阀的腐朽统治,巴黎和会外交的失败。

(2)历史意义:五四运动标志着新民主主义革命的伟大开端,五四运动以彻底反帝反封建的革命性、追求救国强国真理的进步性、各族各界群众积极参与的广泛性,推动了中国社会进步,促进了马克思主义的传播,为中国共产党的成立奠定了基础;揭开了新民主主义革命的序幕,五四运动孕育了以爱国、进步、民主、科学为主要内容的伟大五四精神,在近代以来中华民族追求民族独立和发展进步的历史进程中具有里程碑意义。

2.(1)思想基础:马克思主义的广泛传播为中国共产党的成立奠定了思想基础。新文化运动后期,马克思主义在中国得到广泛传播,一些先进的知识分子开始接受并宣传马克思主义。(2)阶级基础:工人阶级队伍的壮大和工人运动的发展为中国共产党的成立奠定了阶级基础。五四运动中,工人阶级作为独立的政治力量登上历史舞台,显示了巨大的力量。(3)组织基础:各地共产党早期组织的建立为中国共产党的成立做了组织上的准备。这些早期组织积极开展活动,研究和宣传马克思主义,组织工人运动,为党的成立奠定了组织基础。(4)外部条件:共产国际的帮助和指导对中国共产党的成立也起到了一定的推动作用。

四、材料题

(1)有效的组织领导能够扩大反帝爱国运动的规模,增强反帝爱国运动的力量,提升反帝爱国运动的目标性。政党能够明确运动的中心口号,使运动的反帝反封建目标更加清晰。

(2)①群众基础的扩大;②民族意识的觉醒;③运动组织化程度的提高;④运动形式的多样化和相互配合。

第 20 课 国民革命与南京国民政府的统治

巩固练习

一、填空题

1.五卅运动

2.宁汉合流

二、选择题

1.A【解析】根据所学知识可知，中国共产党第三次全国代表大会决定同孙中山领导的国民党合作，建立革命统一战线。这是党根据中国实际情况，调整革命策略，团结一切可以团结的力量来反帝反封建。故 A 项正确，B、C、D 项错误。

2.B【解析】根据题干描述可知，学校开设的课程包括农工技能课程，同时讲授社会发展史、政治常识，宣传共产主义和新三民主义，这体现了扶助农工，通过教育来唤醒民众的革命意识和阶级意识。故 B 项正确，A、C、D 项错误。

3.D【解析】根据所学知识可知，1924 年 1 月，中国国民党第一次全国代表大会在广州召开，孙中山重新解释了三民主义，事实上确立了联俄、联共、扶助农工三大政策。故 D 项正确，A、B、C 项错误。

4.A【解析】根据所学知识可知，根据集中兵力、各个歼敌的战略方针，北伐军首先向湖南、湖北的吴佩孚所部进军。北伐军三路合击，胜利进入长沙，直逼武汉；接着渡过长江，占领汉阳、汉口，于 10 月初攻克武昌，全歼吴佩孚主力。故 A 项正确，B、C、D 项错误。

5.A【解析】根据所学知识可知，在北伐战争中，叶挺率部浴血奋战，屡克强敌，战功卓越，率先攻入武昌城，为第四军赢得"铁军"称号作出重要贡献。故 A 项正确，B、C、D 项错误。

6.A【解析】根据所学知识可知，在北伐战争期间，上海工人在中国共产党领导下，先后发动三次武装起义，①选项正确；湖南、湖北、江西三省的农民运动蓬勃发展，也发生在人民解放运动期间，②选项正确；北伐军渡过长江，占领汉阳、汉口，歼灭孙传芳主力，占领九江、南昌，③选项正确；冯玉祥率国民军联军会师西安主要是军事行动，虽然对革命形势有一定影响，但不属于人民解放运动的典型表现，④选项不符合题意。故①②③正确，选 A 项。

7.B【解析】根据所学知识可知，国民革命的目标是反帝反封建，蒋介石、汪精卫等国民党右派叛变革命后，确立国民党一党专政的统治，革命没有完成反帝反封建的任务，这是国民革命失败的主要含义。故 B 项正确，A、C、D 项错误。

8.A【解析】根据所学知识可知，南京国民政府成立于 1927 年 4 月。蒋介石发动四一二反革命政变后，在南京另立国民政府。故 A 项正确，B、C、D 项错误。

9.A【解析】根据所学知识可知，1928 年 12 月底，就任东三省保安总司令的张学良宣布"服从国民政府，改旗易帜"，这意味着国民政府在形式上暂时统一了全国。故 A 项正确，B、C、D 项错误。

三、简答题

南京国民政府的“北伐”是新军阀向旧军阀争夺地盘和统治权力的战争,组织基础是不同利益集团的军阀,施行者是形式上统一全国的南京国民政府;国民革命时期的北伐战争是反帝反封建的革命战争,“北伐”的对象是实行反动统治的北洋军阀,组织基础是国共合作,是一场国内革命战争,施行者为各革命阶级。

四、材料题

(1)A【解析】材料一的关键信息——“广东工农群众首先掀起支前运动”“当地的民众都组织起来”“让北伐军的势力逐渐壮大”,表明人民群众的支持推动了国民革命的发展,故A项正确;并未体现北伐军将士的英勇作战、国共合作,故B、C项错误。材料一反映的是人民群众的支持推动了国民革命的发展,工农革命运动的发展不是材料一的主旨,故D项错误。

(2)(○);(√);(×)

(3)组织运输队、宣传队等随师北伐,为北伐军提供强大的后援;工农群众组织宣传队、运输队、向导队等,展开大规模的支前参战运动;工人举行总罢工,断绝敌人的军火来源;工人协助北伐军占领萍乡;农民临时结合成军,用土枪土炮痛击敌人后方。

第21课 中国共产党开辟革命新道路

巩固练习

一、填空题

1.八七会议;土地革命;武装反抗国民党反动派

2.井冈山;毛泽东;工农革命军第四军

3.赤水;乌江;贵阳;金沙江

4.长征

二、选择题

1.D【解析】根据所学知识可知,南昌起义发生于1927年8月1日,它打响了武装反抗国民党反动派的第一枪,标志着中国共产党独立领导革命战争、创建人民军队和武装夺取政权的开始。故D项正确,A、B、C项错误。

2.C【解析】根据所学知识可知,为了总结国民革命失败的教训,1927年8月7日,中共中央在湖北汉口召开紧急会议。会上,毛泽东强调:“以后要非常注意军事。须知政权是由枪杆子中取得的。”八七会议给正处在思想混乱和组织涣散中的中国共产党指明了新的出路,为挽救党和革命作出了巨大贡献。故C项正确,A、B、D项错误。

3.A【解析】根据所学知识可知,从进攻大城市转到向农村进军,这是中国革命发展史上具有决定意义的新起点。井冈山革命根据地的建立,为各地武装起义树立了榜样,点燃了工农武装割据的星星之火。从此,中国革命走上建立农村革命根据地,以农村包围城市、武装夺取政权,符合中国实际的正确革命道路。故A项正确,B、C、D项错误。

4.D【解析】根据所学知识可知,由于临时中央的“左”倾错误和共产国际军事顾问李德的错误指挥,第五次反“围剿”失败。中央红军被迫于1934年10月实行战略转移,开始长征。故D项正确,A、B、C项错误。

5.A【解析】根据所学知识可知,遵义会议开始形成以毛泽东为核心的第一代中央领导集体,开启了党独立自主解决中国革命实际问题的新阶段,在最危急关头挽救了党、挽救了红军、挽救了中国革命。故A项正确,B、C、D项错误。

6.C【解析】根据所学知识可知,遵义会议后,中央红军在毛泽东等指挥下,迂回穿插,四渡赤水,南渡乌江,佯攻贵阳,巧渡金沙江。由此,中央红军终于摆脱几十万国民党军队的围追堵截,粉碎蒋介石围歼红军于川黔滇交界的图谋,取得了战略转移中具有决定意义的胜利。故C项正确,A、B、D项错误。

7.A【解析】根据所学知识可知,长征的胜利,是中国革命转危为安的关键。它宣告了国民党反动派消灭中国共产党和红军的图谋彻底失败。故A项正确,B、C、D项错误。

三、简答题

背景:遵义会议是红军在长征途中,面对国民党军队的围追堵截,为解决军事和组织问题而召开的。

主要内容:确立了毛泽东在党中央和红军的领导地位,开始确立以毛泽东为主要代表的马克思主义正确路线在党中央的领导地位,开始形成以毛泽东为核心的第一代中央领导集体。

意义:开启了党独立自主解决中国革命实际问题的新阶段,在最危急关头挽救了党、挽救了红军、挽救了中国革命。

四、材料题

①坚定革命理想信念的精神;②顽强拼搏、不怕牺牲的精神;③独立自主地探索中国革命道路的精神;④顾全大局、严守纪律、紧密团结的精神;⑤为了群众、依靠群众、全心全意为人民服务的精神。

第十单元　中华民族的抗日战争和人民解放战争

第22课　从局部抗战到全国抗战

巩固练习

一、填空题

1.西安事变;全国团结抗战

2.南京

二、选择题

1.B【解析】根据所学知识可知,驻扎沈阳的东北军对日寇的侵略未予抵抗。不到半年,东北全境沦陷。故B项正确,A、C、D项错误。

2.A【解析】根据所学知识可知,九一八事变后,中国人民不屈不挠的局部抗战揭开了世界反法西斯战争的序幕。故 A 项正确,B、C、D 项错误。

3.A【解析】根据所学知识可知,由抗日游击队改编而来的东北人民革命军在极端困苦的环境下坚持抗战,共产党员杨靖宇是主要领导人之一。1936 年,在中国共产党的领导下,东北人民革命军整编为东北抗日联军,故选 A 项。

4.C【解析】根据所学知识可知,一·二八事变中,驻守上海的国民党第十九路军奋起抵抗日军进攻。故 C 项正确,A、B、D 项错误。

5.A【解析】根据所学知识可知,随着日本侵华的加剧,中日民族矛盾上升为主要矛盾,这是西安事变发生的根本原因。故 A 项正确,B、C、D 项错误。

6.C【解析】根据所学知识可知,西安事变和平解决,扭转了时局,促进了中共中央联蒋抗日方针的实现。十年内战基本结束,全国团结抗战的局面初步形成。故 C 项正确,A、B、D 项错误。

7.B【解析】根据所学知识可知,1937 年 9 月 22 日,国民党中央通讯社发表《中共中央为公布国共合作宣言》。第二天,蒋介石发表谈话,实际上承认了中国共产党的合法地位,国共第二次合作实现,抗日民族统一战线正式形成。故 B 项正确,A、C、D 项错误。

8.A【解析】根据所学知识可知,侵华日军在文化上大力推行奴化教育,以泯灭中国人民的民族意识,维护殖民统治。故 A 项正确,B、C、D 项错误。

9.D【解析】根据所学知识可知,局部抗战和全国抗战都是中国人民抗击日本侵略的斗争,这是正确的表述,从九一八事变后的局部抵抗到七七事变后的全国抗战,都是抗日斗争,A 项不符合题意;局部抗战中东北抗日联军等力量的抵抗,为全国抗战在精神、经验等方面奠定了基础,这是正确的,B 项不符合题意;全国抗战是在局部抗战的基础上发展起来的,随着日本侵略的全面扩大,抗战从局部走向全国,C 项不符合题意;局部抗战和全国抗战不是相互独立的两个阶段,局部抗战是全国抗战的前奏,全国抗战是局部抗战的延续和扩大,二者紧密相连,D 项符合题意。故选择 D 项,排除 A、B、C 项。

10.C【解析】材料中"国民革命军第 129 师师长刘伯承""更换军装和军帽",表明是国共第二合作时,为了促成抗日民族统一战线的建立,中共改编红军为国民革命军,承认国民政府为中国唯一的合法政府,故 C 项正确,A、B、D 项错误。

三、简答题

①经过:1931 年 9 月 18 日夜,日本关东军炸毁沈阳北郊柳条湖附近南满铁路的一段路轨,反诬中国军队所为,借此突然袭击中国东北军驻地北大营并进攻沈阳城。不到半年,东北全境沦陷。

②影响:九一八事变标志着长达 14 年的中国抗日战争的开始,中国人民不屈不挠的局部抗战揭开了世界反法西斯战争的序幕。九一八事变后,中日民族矛盾上升为国内主要矛盾,在严峻的民族危机面前,全国性的抗日救亡运动蓬勃兴起。

四、材料题

(1)东北人民组织抗日游击队;东北军未撤走的部队进行抵抗;中国共产党派杨靖宇等在东北组织抗日游击队和义勇队,组建东北人民革命军,开展抗日战争。

(2)十年内战基本结束,全国团结抗战的局面初步形成,为全国抗战局面的形成奠定了重要基础。

(3)①形成过程:九一八事变后,中国人民开始了局部抗战;西安事变和平解决,标志着全国团结抗战的局面初步形成;七七事变后,国共实现第二次合作,正式建立抗日民族统一战线。②意义:全国抗战局面的形成,为抗战的胜利提供了根本保证;中国军队在正面战场和敌后战场英勇抗击日军,牵制了大量日军,有力地配合了世界反法西斯战争;抗日民族统一战线的形成,体现了中华民族团结御侮的精神,是中国人民抗日战争胜利的重要保证。

第 23 课　全民族抗战与抗日战争的胜利

巩固练习

一、填空题

1.台儿庄大捷

2.论持久战

3.百团大战

4.延安;论联合政府

5.毛泽东思想;毛泽东

6.世界反法西斯战争

二、选择题

1.C【解析】1938 年 6 月中旬,武汉会战开始。会战前,针对国内存在的“中国必亡论”和“中国速胜论”,毛泽东在延安发表了《论持久战》的演讲,分析抗战开始以来的战争形势,科学提出了中国必须通过持久抗战,才能夺取对日作战最后胜利的战略理论,极大增强了中国人民抗战的决心和信心。故 C 项正确,A、B、D 项错误。

2.B【解析】根据所学知识可知,抗战相持阶段,中国军队继续奋勇抗击日本侵略者。1941 年 12 月,第三次长沙会战爆发。面对 10 余万日军的进攻,中国军队重兵防御,殊死抵抗,毙伤日军数以万计,最终取得胜利。此时,英美盟军在太平洋战场接连败退。长沙会战的胜利,在国内外产生了积极影响。故 B 项正确,A、C、D 项错误。

3.C【解析】根据所学知识可知,1940 年下半年,八路军发动了一次大规模的以破袭日军华北交通线为主要目标的进攻战役。它是中国军队主动出击日军的最大规模战役,给日伪军以沉重打击。故 C 项正确,A、B、D 项错误。

4.B【解析】根据所学知识可知,抗战初期,国共两党在两个战场都进行了积极的抗战。国民党军队在正面战场组织了淞沪会战、太原会战、徐州会战等一系列战役;共产党领导的军队在敌后开展游击战争,配合正面战场作战。故 B 项正确,A、C、D 项错误。

5.C【解析】根据所学知识可知,美国投掷原子弹、苏军出兵中国东北、爱国华侨援助都对抗战胜利起到推动作用。但国共两党合作实现全民族抗战,使全国人民团结一心共同抵御外侮,这才是抗战胜利的最主要原因,相比之下,其他因素都属于外部或辅助性因素。故 C 项正确,A、B、D 项错误。

6.B【解析】约五分之一的根据地人口加入了中共领导下的群众团体中，说明中共重视根据地的基层组织建设。故B项正确，A、C、D项错误。

7.C【解析】根据所学知识可知，中共七大总结了以往革命经验，制定了正确的路线、方针和政策，使全党在马克思列宁主义、毛泽东思想的基础上达到了空前的团结和统一，为迎接抗日战争的胜利和新民主主义革命在全国的胜利，奠定了政治上、思想上、组织上的基础。故C项正确，A、B、D项错误。

8.A【解析】根据材料"民国二十九年"可知，这是1940年，涉及的人物"国民政府战区司令长官薛岳的秘书""毛泽东、朱德"，由此可以判断这是国共合作背景下的一次战役。根据材料"这一仗的政治意义远远大于它的军事意义"，结合所学可知，这次战役是百团大战，坚定了全民族抗战的信心，故选A项。

9.A【解析】根据所学知识可知，台儿庄大捷是抗战以来中国军队在正面战场取得的最大胜利。故A项正确，B、C、D项错误。

10.A【解析】根据所学知识可知，1945年8月15日，日本天皇发布《终战诏书》，宣布无条件投降。9月2日，日本代表在东京湾的美国"密苏里号"军舰上举行日本投降签字仪式；9月9日，中国战区日本投降仪式在南京举行；10月25日，国民政府代表在台北庄严宣布台湾光复。故A项正确，B、C、D项错误。

三、简答题

(1)全民族抗战：抗日民族统一战线的建立，实现了全民族的抗战，这是抗战胜利的根本原因。全国各族人民、各民主党派、各爱国军队、各阶层爱国人士以及海外华侨，团结一致，浴血奋战。

(2)中国共产党的中流砥柱作用：中国共产党倡导、促成、维护抗日民族统一战线，提出全面抗战路线和持久战战略总方针，开辟广大敌后战场，建立抗日根据地，成为全民族抗战的中流砥柱。

(3)正面战场的抗战：国民党军队在正面战场进行了一系列会战，给日军以沉重打击，消耗了日军大量有生力量，对粉碎日军速战速决的战略企图起了重要作用。

(4)国际援助：世界反法西斯同盟的支持和援助，为中国抗战提供了有利的外部条件；苏联出兵中国东北，加速了日本法西斯的灭亡；美国向日本投掷原子弹，也对日本投降起到了推动作用。

(5)抗战精神：中国人民在抗日战争中表现出的不畏强敌、英勇抗争、坚韧不拔的抗战精神，是抗战胜利的重要精神力量。

四、材料题

(1)政治上：国共两党合作，建立抗日民族统一战线。军事上：国民党在正面战场、共产党在敌后战场共同抗击日军。

(2)日本发动战争是为了争夺霸权，日本的对外战争给包括日本在内的东亚人民带来深重灾难。

(3)主要原因：中国人民的全民族抗战。次要原因：世界反法西斯力量的沉重打击(苏、美、英等国对日作战，美国向日本投掷原子弹)。

(4)抗日战争是世界反法西斯战争的重要组成部分；对世界反法西斯战争的胜利作出了

重大贡献;中国的国际地位得到提高。

第 24 课　人民解放战争

巩固练习

一、填空题

1.假和平;真内战

2.中华民国宪法

3.中国土地法大纲;耕者有其田

4.刘伯承;邓小平;大别山

5.辽沈;淮海;平津

6.毛泽东;朱德;南京

二、选择题

1.C【解析】根据所学知识可知,1946 年 6 月,国民党军队以围攻中原解放区为起点,向解放区展开大规模的进攻,全面内战爆发。故 C 项正确,A、B、D 项错误。

2.A【解析】根据所学知识可知,1947 年 6 月,刘伯承、邓小平率领晋冀鲁豫野战军主力 12 万人,一举突破黄河天险,千里跃进大别山,直接威胁国民党统治的中心南京、武汉,揭开战略进攻的序幕。故 A 项正确,B、C、D 项错误。

3.B【解析】根据所学知识可知,淮海战役的胜利,解放了长江中下游以北广大地区。这次战役共歼灭国民党军 55 万余人,南线国民党军队的主力已被消灭。故 B 项正确,A、C、D 项错误。

4.A【解析】根据所学知识可知,1949 年 4 月 23 日,人民解放军解放国民党统治中心南京,宣告延续 22 年的国民党反动统治覆灭。故 A 项正确,B、C、D 项错误。

5.C【解析】根据所学知识可知,1947 年夏,中共中央工作委员会在河北平山西柏坡村召开全国土地会议,制定了《中国土地法大纲》,大纲规定:没收地主土地,废除封建性及半封建性剥削的土地制度,实行耕者有其田,按照农村人口平均分配土地。各解放区的土地改革使亿万农民在政治上、经济上获得了解放,为夺取全国胜利提供了源源不断的人力、物力支持。故 C 项正确,A、B、D 项错误。

6.D【解析】根据所学知识可知,辽沈、淮海、平津三大战役,共歼灭国民党军队 154 万余人,基本摧毁了国民党的主要军事力量,为中国革命在全国的胜利奠定了基础。故选 D 项。

7.D【解析】根据所学知识可知,“百万雄师过大江”指的是 1949 年 4 月 21 日,毛泽东、朱德发布向全国进军的命令,解放军百万雄师在西起湖口、东至江阴的千里战线上,分三路发起渡江战役,迅速突破长江防线,23 日,解放国民党统治中心南京。故 D 项正确,A、B、C 项错误。

8.D【解析】材料反映的是 1947 年的土地政策,之所以出现材料中政策的转变,主要是因为社会矛盾发生了改变,由对外的民族矛盾转向对内的阶级矛盾。故 D 项正确,A、B、C 项错误。

9.D【解析】根据所学知识可知,1948 年 9 月—1949 年 1 月,人民解放军发动的三大战役是辽沈战役、淮海战役、平津战役。这三大战役基本消灭了国民党军队的主力,为解放战争的胜利奠定了坚实基础。渡江战役是 1949 年 4 月发动的,不属于三大战役。故选 D 项。

10.C【解析】1947 年 6 月,刘伯承、邓小平率领晋冀鲁豫解放军,千里跃进大别山,开辟了大别山根据地,牵制了国民党军队,揭开了人民解放军全国性战略进攻的序幕。刘邓大军从国民党重点进攻的山东和陕甘宁解放区中间发起进攻,“像一把尖刀,插入敌人胸膛”。故选 C 项。

三、简答题

(1)1947 年,中共中央工作委员会在河北平山西柏坡村召开的全国土地会议。

(2)没收地主土地,废除封建性及半封建性剥削的土地制度,实行耕者有其田,按农村人口平均分配土地。

(3)各解放区开展了土地改革运动。使亿万农民在政治上、经济上获得了解放,为夺取全国胜利提供了源源不断的人力、物力支持。

四、材料题

(1)变化:从没收地主土地分给无地少地的农民到停止没收地主土地。主要原因:中日民族矛盾逐渐上升为主要矛盾,建立抗日民族统一战线的需要。

(2)彻底摧毁了封建土地所有制;激发了农民革命和生产的积极性;保证了人民解放战争的胜利进行;巩固了人民民主政权;促进了农村生产力的发展。

第十一单元　中华人民共和国的成立和社会主义建设道路的探索

第 25 课　中华人民共和国的成立和社会主义制度的建立

巩固练习

一、填空题

1.中国人民政治协商会议共同纲领

2.封建土地所有制;农民的土地所有制;耕者有其田

3.另起炉灶;打扫干净屋子再请客;一边倒

4.和平共处五项原则

5.求同存异

二、选择题

1.B【解析】根据所学知识可知,1949 年 10 月 1 日开国大典的举行,标志着中华人民共和国的成立。故 B 项正确,A、C、D 项错误。

2.C【解析】根据所学知识可知,中华人民共和国的成立,实现了民族独立、人民解放;实现了中国几千年封建专制政治向人民民主的伟大飞跃，也极大改变了世界政治格局，鼓舞了全世界被压迫民族和被压迫人民争取解放的斗争。中国共产党和中国人民以英勇顽强的奋斗向世界庄严宣告，中国人民从此站起来了。中国发展从此开启了新纪元。C 项不属于新中国成立的历史意义。故选择 C 项，排除 A、B、D 项。

3.A【解析】根据所学知识可知，1950 年，中国人民志愿军在司令员彭德怀的率领下，开赴朝鲜战场。故 A 项正确，B、C、D 项错误。

4.C【解析】根据所学知识可知，1950 年 6 月，中央人民政府颁布了《中华人民共和国土地改革法》，规定废除封建土地所有制，实行农民土地所有制，实现"耕者有其田"。故 C 项正确，A、B、D 项错误。

5.B【解析】根据所学知识可知，我国彻底废除几千年封建剥削土地制度的标志是土地改革的完成。土地改革将农民从封建土地关系的束缚中彻底解放出来，激发了亿万农民的政治热情和生产积极性。故 B 项正确，A、C、D 项错误。

6.D【解析】根据所学知识可知，"三大改造"是对农业、手工业和资本主义工商业的社会主义改造。交通运输业不属于"三大改造"范畴，当时主要通过"一五"计划发展交通运输等工业建设。故选择 D 项，排除 A、B、C 项。

7.D【解析】根据所学知识可知，第一个五年计划所确定的经济建设指导方针是：集中主要力量发展重工业，建立国家工业化和国防现代化初步基础。故 D 项正确，A、B、C 项错误。

8.B【解析】根据所学知识可知，我国第一个五年计划开始于 1953 年。故 B 项正确，A、C、D 项错误。

9.B【解析】根据所学知识可知，1954 年 9 月，中华人民共和国第一届全国人民代表大会第一次会议在北京举行。大会通过的《中华人民共和国宪法》，它规定了国家的性质、根本政治制度等内容，它们初步构成了我国社会主义的政治制度体系。故 B 项正确，A、C、D 项错误。

10.D【解析】根据所学知识可知，1956 年底，我国基本上完成了对农业、手工业和资本主义工商业的社会主义改造，标志着生产资料公有制占绝对优势的社会主义经济制度初步建立。故 D 项正确，A、B、C 项错误。

三、简答题

新中国初期实行的外交方针："另起炉灶""打扫干净屋子再请客""一边倒"。成就：①与苏联及保加利亚、朝鲜、越南等 10 个人民民主国家建交，同印度、印度尼西亚、缅甸、巴基斯坦等亚洲民族独立国家以及瑞典、丹麦、瑞士、芬兰等欧洲资本主义国家建交；②周恩来在接见印度代表团时第一次提出和平共处五项原则，得到印度方面赞同，写入两国协定；③亚非会议上，中国提出"求同存异"的方针，推动了会议朝着达成协议的方向前进。

四、材料题

(1)事件：开国大典(或中华人民共和国成立)。

意义：中国人民从此站起来了(或中国发展开启了新纪元)。

(2)1949 年 9 月，在北平中南海怀仁堂召开的中国人民政治协商会议第一届全体会议。

象征：象征中国共产党领导革命的 28 年。

(3)措施：剿匪镇反；土地改革；稳定物价(或"银元之战"和"米棉之战")；统一财经；抗美

援朝。

作用如下。①剿匪镇反:肃清土匪和各种反革命武装,实现了祖国大陆的统一。②土地改革:将农民从封建土地关系的束缚中彻底解放出来,激发了亿万农民的政治热情和生产积极性。③稳定物价、统一财经:使不法投机资本一蹶不振,国营经济取得稳定市场的主动权。④抗美援朝:抵御了帝国主义侵略扩张,打出了国威军威和中国人民的精气神,捍卫了新中国的安全,帝国主义再也不敢作出武力进犯新中国的尝试。

第 26 课　社会主义建设在探索中曲折发展

巩固练习

一、填空题

1.巩固;充实;提高

2.四个现代化

3.1971

二、选择题

1.B【解析】根据所学知识可知,1956 年召开的中共八大宣布,我国无产阶级同资产阶级之间的矛盾已经基本上解决,国内的主要矛盾已经是人民对于建立先进的工业国的要求同落后的农业国的现实之间的矛盾,已经是人民对于经济文化迅速发展的需要同当前经济文化不能满足人民需要的状况之间的矛盾。党和全国人民当前的主要任务,就是要集中力量来解决这个矛盾,把我国尽快地从落后的农业国变为先进的工业国。故 B 项正确,A、C、D 项错误。

2.D【解析】根据所学知识可知,为了尽快改变中国贫穷落后的面貌,1958 年,中共中央提出“鼓足干劲、力争上游、多快好省地建设社会主义”的社会主义建设总路线,在全国掀起了“大跃进”和人民公社化运动。故 D 项正确,A、B、C 项错误。

3.C【解析】根据所学知识可知,在探索社会主义建设道路过程中,王进喜被誉为“铁人”。他在大庆石油会战中,带领工人克服重重困难,用身体搅拌泥浆,制服井喷,体现了艰苦创业的精神。故 C 项正确,A、B、D 项错误。

4.D【解析】根据所学知识可知,1964 年底,三届全国人大一次会议提出建设“四个现代化”的宏伟目标。故 D 项正确,A、B、C 项错误。

5.B【解析】根据所学知识可知,题目中事件发生顺序为:④中共八大召开于 1956 年 9 月;①三大改造的基本完成是 1956 年底;②“大跃进”运动开始于 1958 年;③人民公社化运动兴起也是 1958 年。故先后顺序是④①②③,选 B 项。

6.C【解析】根据所学知识可知,20 世纪 70 年代,中国外交实现重大突破,打开新局面,迎来新中国成立以来与世界各国建交的又一次高潮。与中国建交国家的数量从 1965 年的 49 个增加至 1976 年的 111 个,包括了当时世界上的绝大多数国家。1971 年,中华人民共和国恢复了在联合国的一切合法权利。故 C 项正确,A、B、D 项错误。

7.A【解析】根据所学知识可知,“大跃进”和人民公社化运动,反映了广大人民迫切要求改变我国经济文化落后状况的普遍愿望,但由于片面追求经济建设高速度,忽视了客观的经济规律,加上对社会主义建设经验不足,以及当时的自然灾害等因素,1959 至 1961 年,我国经济出现了严重困难。故选 A 项。

8.A【解析】根据所学知识可知,在社会主义建设时期,广大人民自力更生、发愤图强,涌现了无数先进典型和英雄模范人物,如“铁人”王进喜、党的好干部焦裕禄、解放军好战士雷锋等。故 A 项正确,B、C、D 项错误。

9.B【解析】根据所学知识可知,1959 至 1961 年,我国经济出现了严重困难。在不断总结经验教训的基础上,从 1960 年冬开始,中共中央对国民经济实行“调整、巩固、充实、提高”的方针。故 B 项正确,A、C、D 项错误。

10.B【解析】根据所学知识可知,在社会主义建设中,焦裕禄被誉为“党的好干部”。他在兰考县任职期间,身患重病仍坚持工作,带领兰考人民治理风沙、内涝、盐碱地,展现了全心全意为人民服务的精神,故 B 项正确,A、C、D 项错误。

三、简答题

正确。中共八大在客观分析我国国情的基础上,对三大改造基本完成后我国社会的主要矛盾作出了正确的规定。中共八大规定党和全国人民当前的主要任务,就是要集中力量解决人民对于建立先进的工业国的要求同落后的农业国的现实之间的矛盾,人民对于经济文化迅速发展的需要同当前经济文化不能满足人民需要的状况之间的矛盾,把我国尽快地从落后的农业国变为先进的工业国。

四、材料题

(1)“大跃进”和人民公社化运动。

由于片面追求经济建设高速度,忽视了客观的经济规律,加上对社会主义建设经验不足,以及当时的自然灾害等因素,1959 年至 1961 年,我国经济出现了严重困难。

(2)随着调整不断深入,国民经济稳步增长,经济指标有的接近或超过新中国成立以来最高水平。

(3)要尊重客观经济规律,实事求是;不断总结经验和教训。

第十二单元　改革开放和社会主义现代化建设新时期

第 27 课　改革开放与建设中国特色社会主义

巩固练习

一、填空题

1.1978

2.农村

3.中共十一届三中全会

4.家庭联产承包责任制

5.珠江三角洲;山东半岛

二、选择题

1.A【解析】根据所学知识可知,中共十一届三中全会果断结束“以阶级斗争为纲”,作出把党和国家工作中心转到以经济建设上来、实行改革开放的历史性决策。故 A 项正确,B、C、D 项错误。

2.B【解析】根据所学知识可知,我国经济体制改革首先在农村展开。农村改革的主要内容是实行家庭联产承包责任制,它调动了农民的生产积极性,使农村经济得到快速发展,为城市经济体制改革提供了经验,故 B 项正确,A、C、D 项错误。

3.A【解析】根据所学知识可知,1980 年 5 月,党和国家决定在深圳、珠海、汕头和厦门建立经济特区。海南经济特区是 1988 年设立的,故①②③④正确,选 A 项。

4.A【解析】根据所学知识可知,1983 年 10 月,中共中央、国务院发出通知,决定改变农村人民公社政社合一体制,设立乡政府作为基层政权,普遍成立村民委员会作为群众性自治组织。故 A 项正确,B、C、D 项错误。

5.C【解析】根据所学知识可知,从 1984 年起,国家把增强企业活力作为以城市为重点的经济体制改革的中心环节,广泛推行承包经营责任制。在国有企业改革的同时,国家还进行了所有制结构改革,逐渐形成了国有经济为主体,集体、个体、私营等多种经济形式并存和发展的格局。故选 C 项。

6.A【解析】根据所学知识可知,“一国两制”最初是针对台湾问题提出的,但在实践中首先被运用到解决香港、澳门回归祖国问题上。故 A 项正确,B、C、D 项错误。

三、简答题

(1)基本内容:在一个中国的前提下,国家的主体坚持社会主义制度,香港、澳门、台湾仍然保持原有的资本主义制度长期不变。在国际上代表中国的,只能是中华人民共和国。世界上只有一个中国,即中华人民共和国,台湾、香港、澳门都是中华人民共和国不可分割的组成部分。

(2)在实践中的运用:“一国两制”最初是针对台湾问题提出的,但在实践中首先被运用到解决香港、澳门回归祖国问题上。香港、澳门从来不是殖民地。中国政府先后同英国和葡萄牙政府举行谈判,并分别于 1984 年 12 月和 1987 年 4 月签署了中英《关于香港问题的联合声明》和中葡《关于澳门问题的联合声明》,香港、澳门进入回归祖国的过渡期。

四、材料题

(1)先试点后全国推广,边实践边进行理论总结,先农村后城市,先经济后政治。

(2)弊端:权力高度集中,党政企不分,分配搞平均主义(未充分调动干部和劳动者的生产积极性)。

解决:简政放权,实行政企分开;实行以按劳分配为主、多种分配方式并存的分配制度。

第 28 课　建立社会主义市场经济体制和中国特色社会主义全面推向 21 世纪

巩固练习

一、填空题

1.南方谈话;中共十四大

2.1999

3.阐述了社会主义的本质

二、选择题

1.D【解析】根据所学知识可知,中共十四大明确我国经济体制的改革目标是建立社会主义市场经济体制。故 D 项正确,A、B、C 项错误。

2.D【解析】根据所学知识可知,大力推进各方面的体制改革,使市场在资源配置中起基础性作用明显增强,市场经济体制中的国家宏观调控体系框架初步建立,所以市场在资源配置中起基础性作用不是社会主义市场经济体制的基本特征。故 D 项正确,A、B、C 项错误。

3.D【解析】根据所学知识可知,“一国两制”是 1982 年邓小平首次提出的,不是邓小平南方谈话的内容。故 D 项正确,A、B、C 项错误。

4.A【解析】根据所学知识可知,中国共产党第十五次全国代表大会首次使用“邓小平理论”这个概念,把这一理论作为指引党继续前进的旗帜。故 A 项正确,B、C、D 项错误。

5.C【解析】根据所学知识可知,邓小平南方谈话解放了思想,为 1992 年召开的中共十四大明确提出建立社会主义市场经济体制的改革目标奠定基础,直接推动经济体制改革方向的确定。建立现代企业制度是后续国有企业改革中的举措;进一步推动国有企业改革是社会主义市场经济体制改革目标确定后的影响;农村家庭联产承包责任制在 20 世纪 70 年代末 80 年代初已逐步推广,并非邓小平南方谈话直接影响。故 C 项正确,A、B、D 项错误。

6.A【解析】根据所学知识可知,中共十五大明确指出,公有制为主体、多种所有制经济共同发展,是我国社会主义初级阶段的一项基本经济制度。故 A 项正确,B、C、D 项错误。

7.C【解析】根据所学知识可知,我国加入世界贸易组织的时间是 2001 年 12 月 11 日。故 C 项正确,A、B、D 项错误。

8.A【解析】根据所学知识可知,香港回归祖国的时间是 1997 年 7 月 1 日。故 A 项正确,B、C、D 项错误。

三、简答题

(1)主要内容:①革命是解放生产力,改革也是解放生产力。改革开放的胆子要大一些,敢于试验。②判断的标准,应该主要看是否有利于发展社会主义社会的生产力,是否有利于增强社会主义国家的综合国力,是否有利于提高人民的生活水平。③计划和市场都是经济手段。④社会主义的本质,是解放生产力,发展生产力,消灭剥削,消除两极分化,最终达到共同富裕。⑤要抓住机遇,加快发展。⑥“一个中心,两个基本点”的基本路线要管一百年,动摇不得。

(2)意义:从理论上深刻回答了长期困扰和束缚人们思想的许多重大认识问题,对整个社会主义现代化建设事业产生了重大而深远的影响。

四、材料题

(1)中共十五大提出公有制经济为主体、多种所有制经济共同发展,是我国社会主义初级阶段的一项基本经济制度;1997 年 9 月 12 日至 18 日,在中国共产党第十五次全国代表大会上提出的。

(2)适合社会主义初级阶段生产力发展不平衡、多层次的状况,符合社会主义本质的要求。实践证明,实行基本经济制度有利于生产力的发展、增强综合国力、提高人民生活水平。

第 29 课　全面建设小康社会和坚持发展中国特色社会主义

巩固练习

一、填空题

1.中国最广大人民的根本利益

2.全面协调可持续

二、选择题

1.B【解析】根据所学知识可知,中共十六大提出了全面建设小康社会的奋斗目标。故 B 项正确,A、C、D 项错误。

2.B【解析】根据所学知识可知,科学发展观的核心是以人为本。故 B 项正确,A、C、D 项错误。

3.A【解析】根据所学知识可知,2005 年 12 月,十届全国人大常委会第十九次会议决定,自 2006 年 1 月 1 日起,废止 1958 年 6 月 3 日通过的《中华人民共和国农业税条例》,取消农业税,由此,国家不再针对农业单独征税,一个在我国存在 2 600 年的古老税种宣告终结。故 A 项正确,B、C、D 项错误。

4.B【解析】根据所学知识可知,江泽民在中国共产党第十六次全国代表大会所作的题为《全面建设小康社会,开创中国特色社会主义事业新局面》的报告中明确了全面建设小康社会的奋斗目标:在本世纪头 20 年,集中力量,全面建设惠及十几亿人口的更高水平的小康社会,使经济更加发展、民主更加健全、科教更加进步、文化更加繁荣、社会更加和谐、人民生活更加殷实。故①②③符合题意,选 B 项。

5.C【解析】根据所学知识可知,国家大幅度增加财政性教育经费,全部免除农村义务教育学杂费,在西部农村实施"两免一补"政策,确保教育资源重点向农村、边远地区、民族地区、贫困地区倾斜。到 2008 年,城乡义务教育全部免除学杂费,惠及 1.6 亿学生,使所有义务教育适龄儿童都能"不花钱,有学上"。故选 C 项。

6.C【解析】根据所学知识可知,科学发展观的基本要求是全面协调可持续。故 C 项正确,

A、B、D 项错误。

7.A【解析】根据所学知识可知,国家还建立覆盖城乡居民的社会保障体系,构建由城镇职工基本医疗保险、城镇居民基本医疗保险、新型农村合作医疗和城乡医疗救助制度组成的基本医疗保障网,并将农民工纳入城镇职工基本养老保险体系。到 2012 年,各项医疗保险参保人数超过 13 亿人,全民医保基本实现。故选 A 项。

8.D【解析】根据所学知识可知,中共十七大对实现全面建设小康社会奋斗目标提出了新要求,其中之一是将中共十六大提出的到 2020 年力争实现国内生产总值比 2000 年翻两番的经济增长目标,调整为实现人均国内生产总值到 2020 年比 2000 年翻两番。故 D 项正确,A、B、C 项错误。

9.C【解析】根据题干描述可知,2011 年,香港地区国内生产总值较回归前的 1996 年增长 54%,澳门地区国内生产总值较 2000 年翻了两番多,年均增长率达 12.5%,香港、澳门社会保持稳定,经济更加繁荣,显示了"一国两制"方针的强大生命力。故 C 项正确,A、B、D 项错误。

三、简答题

形成了"三个代表"重要思想,其主要内容:我们党在革命、建设、改革的各个历史时期,总是代表着中国先进生产力的发展要求,代表着中国先进文化的前进方向,代表着中国最广大人民的根本利益。

四、材料题

(1)背景:辛亥革命后民国建立,国家重点应转为经济建设,实现民生主义,巩固民权;实业救国思潮的不断发展;孙中山振兴中华的理想和对民生的关注。(任答两点即可)

实践结果:孙中山时代没有能够实现经济现代化的理想;南京国民政府时期,也没有实现这一目标。

(2)成就:我国经济总量稳居世界前列;工业(制造业)水平得到巨大提升;第三产业得到迅速发展;外贸进出口实现快速增长;外汇储备大量增加;人民生活水平大幅度提升等。(任答三点即可)

第十三单元　中国特色社会主义进入新时代

第 30 课　中国特色社会主义新时代和全面建成小康社会(一)

巩固练习

一、填空题

1.社会建设

2.共建"一带一路"

3.依宪治国

4.教育优先发展

5.人民幸福

二、选择题

1.C【解析】根据所学知识可知,中国共产党第十八次全国代表大会根据我国经济社会发展实际,确定了全面建成小康社会的目标,对推进中国特色社会主义建设作出全面部署。故C项正确、A、B、D项错误。

2.B【解析】根据所学知识可知,中国共产党第十九次全国代表大会提出,我国社会主要矛盾已经转化为人民日益增长的美好生活需要和不平衡不充分的发展之间的矛盾。故B项正确,A、C、D项错误。

3.C【解析】根据所学知识可知,我国目前是世界第二大经济体,不是世界第一大经济体,C项符合题意,A、B、D项是全面建成小康社会经济方面的成果。故选择C项,排除A、B、D项。

4.A【解析】根据所学知识可知,2020年5月,十三届全国人大三次会议通过《中华人民共和国民法典》,这是新中国历史上第一部法典化的法律,是新时代中国特色社会主义制度建设、法治建设的一个重大标志性成果。故选A项。

5.D【解析】根据所学知识可知,中共十九大提出的"四个全面"战略布局包括全面建成小康社会、全面深化改革、全面依法治国、全面从严治党。中共十九届五中全会根据形势任务发展,将"全面建成小康社会"改为"全面建设社会主义现代化国家",故D项正确,A、B、C项错误。

6.A【解析】根据所学知识可知,全面建成小康社会覆盖的领域要全面,是经济、政治、文化、社会、生态文明"五位一体"全面进步的小康,体现了全面性,①选项符合题意;覆盖的人口要全面,是惠及全体人民的小康,这意味着小康社会的建设成果要让所有人共享,体现全面性,②选项符合题意;覆盖的区域要全面,是城乡区域共同发展的小康,强调缩小城乡区域差距,全面提升各个地区的发展水平,③选项符合题意;要实事求是,因地制宜发展,这是发展的原则和方法,但不是"全面"的体现内容,④选项不符合题意。故①②③符合题意,选A项。

7.C【解析】根据所学知识可知,2022年2月至3月,中国成功举办第24届冬季奥林匹克运动会和第13届冬季残疾人奥林匹克运动会。故C项正确,A、B、D项错误。

8.C【解析】根据所学知识可知,中国加入世界贸易组织是2001年,不属于中国特色社会主义新时代(2012年以来)的外交成果。故选择C项,排除A、B、D项。

9.D【解析】根据所学知识可知,中共十八大以来,我国基础研究和原始创新不断加强,一些关键核心技术实现突破,战略性新兴产业发展壮大,在一些基础和前沿领域取得一大批标志性成果,若干领域实现从"跟跑"到"并跑""领跑"的跃升。"奋斗者号"全海深载人潜水器成功完成万米海试,"嫦娥五号"月球探测器首次地外天体采样返回任务圆满完成,体现了我国在海洋高技术领域和航天领域的综合实力。2021年5月15日,"天问一号"成功着陆火星,"祝融号"火星车成功展开巡视探测,迈出了我国星际探测征程的重要一步。故选D项。

10.B【解析】根据所学知识可知,全面建成小康社会是较高水平的、全面的、发展比较平衡的小康。它与之前的总体小康相比,在经济、社会、文化等各个方面的发展质量更高,覆盖范围更广,发展的平衡性更好。故B项正确,A、C、D项错误。

三、简答题

时间：新发展理念是2015年10月，中共十八届五中全会上被明确提出的。

内涵：创新、协调、绿色、开放、共享。

意义：新发展理念集中体现了新时代我国的发展思路、发展方向、发展着力点，是管全局、管根本、管长远的导向，反映了党和国家对经济社会发展规律认识的深化。

四、材料题

(1)变化：地缘政治变为地缘经济。影响如下。①世界区域经济集团化。举例：亚太经合组织、北美自由贸易区、欧盟。②区域合作不断深入。举例：欧共体发展到欧盟。

(2)中国智慧：构建以合作共赢为核心的新型国际关系，打造全球伙伴关系网，构建人类命运共同体。

第31课　中国特色社会主义新时代和全面建成小康社会(二)

巩固练习

一、填空题

1.有品德

2.推进祖国统一大业

3.践行初心；担当使命

4.中国特色社会主义

5.2035

二、选择题

1.B【解析】根据所学知识可知，2021年7月1日，庆祝中国共产党成立100周年大会在北京天安门广场隆重举行。习近平发表重要讲话，代表党和人民庄严宣告，经过全党全国各族人民持续奋斗，我们实现了第一个百年奋斗目标，在中华大地上全面建成了小康社会，历史性地解决了绝对贫困问题。故B项正确，A、C、D项错误。

2.C【解析】根据所学知识可知，“大跃进”运动是我国在探索建设社会主义道路过程中的一次严重挫折，它违背了经济发展的客观规律，不是全面建成小康社会的重要举措。故C项正确，A、B、D项错误。

3.B【解析】根据所学知识可知，2014年12月，习近平在澳门讲话时指出，继续推进“一国两制”事业，必须牢牢把握“一国两制”的根本宗旨，共同维护国家主权、安全、发展利益，保持香港、澳门长期繁荣稳定；必须坚持依法治港、依法治澳，依法保障“一国两制”实践；必须把坚持“一国”原则和尊重“两制”差异、维护中央权力和保障特别行政区高度自治权、发挥祖国内地坚强后盾作用和提高港澳自身竞争力有机结合起来，任何时候都不能偏废。2019年10月，中共十九届四中全会强调，贯彻“一国两制”方针要做到全面准确，在思想认识上，必须坚持“一国”是实行

“两制”的前提和基础,“两制”从属和派生于“一国”并统一于“一国”之内。故选 B 项。

4.A【解析】根据所学知识可知,面对新时代强军要求,到 2020 年,军队已基本实现机械化,信息化建设取得重大进展。中国自主研制的新一代隐形战斗机歼-20、大型运输机运-20相继亮相;第二艘国产航母、首艘新型万吨级驱逐舰接连下水;新型导弹、新一代武装直升机和主战坦克以及北斗卫星导航系统、指挥自动化系统等具有世界先进水平的武器装备陆续列装部队。人民军队现代化水平和实战能力显著提升,在中国特色强军之路上迈出坚定步伐。故选 A 项。

5.C【解析】根据所学知识可知,中央政府出台了一系列支持内地与港澳加强交流合作、共同发展的政策措施。2017 年 7 月 1 日,在习近平的见证下,国家发展和改革委员会与粤港澳三地政府签署《深化粤港澳合作,推进大湾区建设框架协议》,提出将粤港澳大湾区建设成更具活力的经济区、宜居宜业宜游的优质生活圈和内地与港澳深度合作的示范区。故 C 项正确,A、B、D 项错误。

6.B【解析】根据所学知识可知,到 2020 年,军队已基本实现机械化,信息化建设取得重大进展 。故 B 项正确,A、C、D 项错误。

7.B【解析】结合所学知识可知,2013 年,中国首次向国际社会提出命运共同体理念,2015年 9 月,习近平在联合国发表重要演讲,全面阐述人类命运共同体内涵,呼吁构建以合作共赢为核心的新型国际关系,打造人类命运共同体。这一理念得到国际社会广泛认同,并写入联合国安理会决议。人类命运共同体成为中共十八大以来,在国际舞台上我们听到的标志性的“新声音”;独立自主的和平外交方针、反对霸权主义、和平共处五项原则,都是新中国成立以来我国一直坚持的外交方针或原则,而非中共十八大以后提出的。故选 B 项。

三、简答题

“一国” 是前提:国家主权统一不可分割,“两制” 从属和派生于 “一国”并统一于“一国”之内。

“两制” 是补充:在一个中国的前提下,国家的主体坚持社会主义制度,香港、澳门、台湾仍然保持原有的资本主义制度长期不变。

必须把坚持“一国”原则和尊重“两制”差异、维护中央权力和保障特别行政区高度自治权、发挥祖国内地坚强后盾作用和提高港澳自身竞争力有机结合起来,任何时候都不能偏废。

四、材料题

(1)①补齐最大短板:农村特别是贫困地区是实现全面小康最大的短板,而精准扶贫针对这一关键问题发力,有效解决了贫困地区和贫困人口的脱贫难题,推动全面小康社会建设进程。②完成底线任务:打赢脱贫攻坚战是全面建成小康社会的底线任务,精准扶贫理念自2013 年提出后,经过艰苦努力,至 2020 年全国 832 个贫困县全部摘帽,近 1 亿农村贫困人口实现脱贫,960 多万贫困人口实现易地搬迁,历史性地解决了绝对贫困问题,确保了全面小康社会建设的底线任务得以完成。③推动共同富裕:精准扶贫助力党和国家在团结带领人民创造美好生活、实现共同富裕的道路上迈出坚实一步,让贫困地区人民共享发展成果,缩小贫富差距,促进社会公平,为全面建成小康社会奠定坚实基础。④贡献中国方案:中国通过精准扶贫在世界上率先完成联合国千年发展目标,为全球减贫事业作出重大贡献,形成了可供全球减贫事业借鉴的“中国方案”，提升了中国在国际减贫领域的影响力，彰显了全面建成小康社会进程中中国减贫成就的国际意义。

（2）①提升综合国力：全社会研发经费支出从2012年的1万亿元增加到2021年的2.8万亿元，居世界第二位，研发人员总量居世界首位。雄厚的研发投入和庞大的人才队伍，为科技发展提供坚实基础，推动我国综合国力稳步提升，在国际竞争中占据更有利地位，为全面建成小康社会筑牢根基。②助力产业升级：基础研究和原始创新不断加强，战略性新兴产业发展壮大。科技创新促使产业结构优化升级，新兴产业成为经济增长新引擎，创造更多高质量就业岗位，提高生产效率和经济效益，带动经济持续健康发展，为全面建成小康社会提供有力经济支撑。③突破关键技术：一些关键核心技术实现突破，在若干领域实现从“跟跑”到“并跑”“领跑”的跃升。关键核心技术的掌握使我国在全球产业链、供应链中更具自主性和话语权，减少对外部技术的依赖，保障国家经济安全，推动相关产业发展，助力全面小康目标达成。④彰显国家实力：“奋斗者号”全海深载人潜水器成功完成万米海试，“嫦娥五号”月球探测器首次地外天体采样返回任务圆满完成，“天问一号”成功着陆火星，“祝融号”火星车成功展开巡视探测等标志性成果，彰显了我国在海洋高技术领域和航天领域的综合实力。提升了我国国际影响力和民族自豪感，增强了全国人民为全面建成小康社会奋斗的信心和凝聚力。

（3）我国坚持“绿水青山就是金山银山”的理念，坚持山水林田湖草沙一体化保护和系统治理，全方位、全地域、全过程加强生态环境保护，深入实施大气、水、土壤污染防治三大行动计划，打好蓝天、碧水、净土保卫战，积极稳妥推进碳达峰碳中和。推进绿色发展、循环发展、低碳发展，坚持走生产发展、生活富裕、生态良好的文明发展道路。